红色记忆® 25

从延安走向世界的外交家

海南省文化交流促进会 编

南海出版公司
2013·海口

图书在版编目（CIP）数据

红色记忆·第1辑·25 / 海南省文化交流促进会编 .
—海口：南海出版公司，2013.8（2025.1重印）
ISBN 978-7-5442-6662-8

Ⅰ.①红… Ⅱ.①海… Ⅲ.①革命传统教育—中国—青年读物②革命传统教育—中国—少年读物 Ⅳ.① D642-49

中国版本图书馆CIP数据核字（2013）第163816号

HONGSE JIYI·DI 1 JI·25

红色记忆·第1辑·25

作　　者　海南省文化交流促进会
总 策 划　刘　栋
顾　　问　贾延岩
执行总编　任在齐　张　桐　张爱国
责任编辑　聂　敏
封面设计　郑广明
排版印务　姚少龙
发行总监　杨成春
出版发行　南海出版公司　电话：（0898）66568505　66568511
社　　址　海南省海口市海秀中路51号星华大厦五楼　邮编：570206
电子信箱　nhpublishing@163.com
经　　销　新华书店
印　　刷　天津睿意佳彩印刷有限公司
开　　本　787毫米 ×1092毫米　1/16
印　　张　6.25
字　　数　100千字
版　　次　2013年8月第1版　2025年1月第2次印刷
书　　号　ISBN 978-7-5442-6662-8
定　　价　39.80元

对历史无知的人，没有真正的信仰可言；没有信仰的人，不可能拥有美好的理想，不可能胸怀崇高的情感，也就不可能担负起任何责任。用欲望文化代替历史教育，足以使一个国家的青年被腐蚀、使一个民族的希望被毁掉，使这个国家和民族被永世万代地奴役！

鉴于此，我们呼唤历史，唤回那段属于二十世纪的“红色”历史，唤回那段炮火硝烟、颠沛流离的历史，唤回那冲天的狼烟留下的悲壮回忆、岁月年轮沉淀的斑驳痕迹。历史不应该被忽略，更不应该被遗忘，牢记那段革命战争年代的红色历史更是责任。为了那些不应该被忘却的记忆，为了那些不应该被丢弃的信念，于是就有了这套《红色记忆》丛书。

曾记否，当草鞋与意志丈量出来的两万五千里穿越一个伟大民族五千年的荣辱兴衰，革命的火种被一路播撒、一路点燃。人迹罕至的雪山、荒无人烟的草地被鲜血浸透，衬映出一段光辉的里程；万水千山早已被远远地抛在身后，一轮红日在黄土高原磅礴而起。满目疮痍的河山在 1936 年 10 月温暖如春……

曾记否，当生命和鲜血浸染的十几年光阴将一种记忆铭刻进一个伟大民族的历史画卷，革命的火焰从星火到燎原。这栏杆拍遍、易水悲歌般的呼号，这折戟沉沙、慷慨赴义的悲壮，这铁马冰河、枕戈待旦的苦战，这红旗漫卷、所向披靡的豪迈……腔腔热血、铮铮铁骨早已被熔铸成一座不朽的丰碑，中华民族从苦难中百死后生的壮丽诗史凝结成了五星闪耀的红色记忆。

曾记否，中华人民共和国成立以来，又有无数英烈接过前辈用鲜血染红的旗帜，或壮怀激烈戍边卫国，或忠于职守鞠躬尽瘁，或绝甘分少奉献大爱，甘做国家强盛、人民富裕的铺路石，成为和平年代民族复兴的荣光，把人民心中的红色记忆浸染得分外鲜艳，永不褪色。

这红色记忆，是信念不衰、志向不改的崇高气节；这红色记忆，是无私无我、生属苍生的博大胸怀；这红色记忆，是敢为人先、披荆斩棘的拓荒精神；这红色记忆，是中华民族最宝贵的精神财富。它告诫我们，人事有代谢，传承无绝期。缅怀先烈精神，继承先烈遗志，是社会的道德和民族的良心，是后来者须臾不可忘怀的本分。

老一代人把历史的真实交付给我们，我们有责任用真实还原历史，传承给下一代，把那段岁月与现在年轻人的生活连接到一起，使他们眼中的历史变得立体、真实、可靠，让历史成为他们前进的动力。本丛书将那些流动的、随时会飘散在时间天际的事件凝固下来，希望透过这些文字、图片，感受到英雄们那坚定的革命信念，感受到那个年代澎湃的革命激情，真切体会那段“红色历史”。

忘记历史，就意味着背叛。让我们重温历史，缅怀先烈，从中汲取力量，毅然前行。

刘栋

目录

CONTENT

目录

CONTENT

相与也深，相知更切

——彭德怀与左权在太行山

文／刘华清

彭德怀（右）与左权（左）合影

抗日战争全面爆发后，1937年8月，按照国共两党达成的协议，中国共产党领导的工农红军主力改编为八路军，朱德任总指挥，彭德怀任副总指挥，叶剑英任参谋长，左权任副参谋长。因叶剑英从事与国民党的统战工作，朱德也于1940年5月回到延安，所以在八路军领导人中，一直坚守八路军总部的只有彭德怀和左权。自八路军总部1938年2月挺进太行山，到1942年5月左权牺牲，在长达四年多的时间里，彭德怀与左权建立了深厚的革命友谊。

政治上互相信任

彭德怀与左权同是湖南人，两家相距不过百里，两人均出身贫苦农家。彭德怀于1898年10月24日出生在湘潭县彭家围子，幼年只读过两年书，因家贫辍学务农，讨过米，下过煤窑。十五岁参加饥民闹粜，被官府通缉，逃到洞庭湖当堤工。左权于1905年3月出生在醴陵县（今醴陵市）平桥乡一户贫农家庭，一岁时便死了父亲，曾几度辍学，后在亲友的资助下上了县立中学。两人的成长经历完全不同。彭德怀行伍出身，1916 年入湘军当兵，1920 年在连队秘密组织救贫会，后因派会员杀死一恶霸而被捕，在押解途中逃脱。1922 年改名彭德怀，考入湖南陆军军官讲武堂，毕业后回湘军相继任排长、连长、营长。1928 年 4 月加入中国共产党，同年 7 月领导了著名的平江起义，是中国工农红军的创始人之一。左权则是学生出身，就学于多所名牌军校。1924 年 3 月考入广州陆军讲武学校，后来转入黄埔军校第一期。1925 年加入中国共产党，同年 11 月被选派到苏联留学，毕业于伏龙芝军事学院。1930 年回国，成为党内为数不多的既有军事理论，又有实战经验的军事指挥员。

相同的家庭背景使他们互相信任，不同的成长经历又让他们互相仰慕，成为无话不谈的知心朋友。1941 年 11 月的一天，左权向彭德怀讲述了自己心中隐忍了近十年的苦闷：他曾因“托派”文件事件而遭受留党察看处分。

本来，这只是一个误会。1932 年 5 月，有人向苏区中央局告发，称左权在任红军新十二军军长时，曾收藏过“托陈取消派”的文件。事情的经过是这样的：在闽西的红新十二军攻占汀州时，上海托派组织通过邮局寄刊物给红新十二军政委施简。1930 年 12 月红新十二军军部开会时，一团政委刘梦槐无意中在施简的衣袋里发现了“托派”文件，于是当即将文件交给左权看。左权为了不使文件扩散，看后便放进自己的衣袋里，事后也没有向中央汇报。因此，苏区中央局决定解除左权职务，调其回瑞金。左权一再向党说明事实真相，但无法使当时的中央相信。只是由于他从上海进入苏区后，工作表现一向良好，作战勇敢，才没有被当作反革命论处，但还是给了他留党察看八个月的处分。

为此，左权虽一直受到重用，但在精神上却极其苦闷。

听了左权的倾诉，彭德怀想起 1938 年中共六届六中全会期间王明曾对他说的一句没头没脑的话：“你的党性哪里去了？左权是‘托派’，你们为什么还让他当（副）参谋长？”他觉得王明对左权的成见很深。左权说：“只要王明在中央，我就翻不了身。”

了解到战友的苦闷，彭德怀决定直接向中央为其申诉。11 月 25 日，彭德怀以个人名义致电中共中央书记处，提出：“几年来，对于左权同志的处分，虽在事实上早已撤销了，但在党的党规上从未作出明确结论，致左权对此事苦闷不释。根据我对左权同志的了解，不论在中央苏区及长征时期，（他）对党的路线是忠实的，对工作是积极的、负责任的。几年来，在政治上已有较高的进步，过去的问题应该清理一下，建议中央撤销（对）他的处分，使其安心。”

同年 12 月 29 日，彭德怀又将左权的申诉信电传中央，并再次表明自己的态度。中共中央对此十分重视，决定由中央组织部部长陈云负责调查此事。可惜的是，还没等到中央的正式结论，左权就英勇殉国了。

工作上互相配合

作为一名军事理论家，左权对司令部的工作有自己的见解。1938 年 3 月，他在第二战区东路军将领会议上说，司

令部是指挥员指挥军队的机关。它的主要使命是：拟定战斗（战役）的计划号令；组织关于保障首长人员下达适应情况之决心和顺利实现此决心之方案。因此，“不应把司令部的工作束缚于‘等因奉此’，而应保障在战斗（战役）前、战斗中和战斗后多方情况的收集与研究，保障对军队的不断指挥，组织顺畅的通信联络，统一各种专门性的勤务机关与战斗部队的协同，这都是保证顺利实施灵巧机动的重要事项”。

左权把这一理念贯穿于八路军总部的工作实践中。作为副参谋长，左权对彭德怀十分尊敬，总是竭尽心力，为他分担重任。从指挥军事、侦察敌情、筹划粮草到宣传接待、总结经验等，事无巨细，他都揽在自己肩上，使彭德怀从繁忙的军务工作中解脱出来，有时间、有精力考虑军政战略。为了能使彭德怀的战略意图、战役计划得到准确贯彻，左权总是先和彭德怀切磋运筹，然后精心计划，精确计算，无不细致周到。彭德怀对于左权这样一位既有军事理论素养，又有实战经验的军事人才，是十分信赖的，对他也倍加尊重和爱护。他们之间，不仅在战略方针和作战计划上合作愉快，而且在具体的战役、战斗中，也配合得天衣无缝。

百团大战就是他们精诚合作的杰作。百团大战的部署是两人分工合作共同完成的。1940 年夏秋，日军在华北地区实行以“铁路为柱、公路为链、碉堡为锁”的“囚笼政策”，加紧推行“肃正建设计划”，企图分割、封锁、摧毁华北各抗日根据地，巩固其占领区。为了打破敌人的“囚笼政策”，彭德怀设想发动一次大的破击战役，给敌人以重创。7 月，左权带着彭德怀的战略意图到一二九师师部搞调研。听过大家的议论后，左权说：“彭德怀要我到这里来，正是为和大家商量这件事，他有个想法，由荣臻和伯承同志再次协力，从南北两面对正太路来个大破袭，打通晋察冀和太行区的联系。”7 月 22 日和 8 月 8 日，由彭德怀和左权共同署名，八路军总部相继下达了关于侦察工作和破坏战术的详细指示，要求对每一个攻击目标都要经过侦察，作出计划。对需要特殊破坏技术的水塔、隧道、桥梁，还要求派出便衣组，配以技术人员出动，以计算药量和作业量。彭德怀和左权决定：总破击的时间为 8 月 20 日 20 时。20 日 20 时 整， 各兵团按预定时间发起攻击。各路指战员如猛虎下山，迅速扑向敌人控制的据点、车站、桥梁、碉堡。枪炮声、爆炸声，响彻了正太路、同蒲路、平汉路等交通线指定地段的上空。

百团大战的名字是由彭德怀、左权共同决定的。大战打响后，两人一夜没合眼，等待着前线的消息。8 月 22 日午后，彭德怀和左权再次到作战室听取战况。作战科长王政柱汇报实际参战兵力：正太路三十个团，平汉线卢沟桥至邯郸段十五个团，同蒲线大同至洪洞段十二个团……共计一百零五个团。王政柱话音刚落，左权说：“好！这是百团大战，作战科要仔细查对确数。”彭德怀说：“不管是一百零几个团，就叫‘百团大战’好了。”彭德怀和左权当即一起拟电发各兵团，并报中央军委，将此次破击战役定名为百团大战。

在大战的关键战斗中，彭德怀和左权两人是齐心协力的。在战役的第三阶段，10 月 29 日晚，彭德怀发出于次日

彭德怀在关家垴前线的团哨所观察敌情，指挥战斗

左权和女儿左太北

百团大战要图

凌晨4时发起关家垴战斗的命令。关家垴是一块三面都是断崖的高地，只有一条很窄的坡路通向顶端。当晚，日军冈崎大队乘夜摸上了关家垴。敌人凭借靠垴顶的窑洞顽强抵抗，八路军指战员冒着敌人飞机的投弹扫射和由垴顶倾泻的火力，艰难地向上冲。彭德怀把总部特务团的警卫连也投入了战斗。对于在这样一个危险地段，要不要发起这场战斗，部队干部有不同看法。左权知道，这将是一场恶战，改变作战计划已不大可能，在紧急关头，他坚决支持彭德怀的命令，下令说："指挥所的同志全部向前推进，犹豫等于死亡！"依靠顽强与勇敢，八路军终于将武器优良的冈崎大队歼灭过半。

在百团大战中，八路军总计进行了大小战斗一千八百二十四次，毙伤日军二万六百四十五人、伪军五千一百五十五人，拔除日伪军据点二千九百九十三个。破坏铁路四百七十四公里，公路一千五百余公里，桥梁、车站、隧道等二百六十余处。大战的胜利，体现了彭德怀、左权高超的指挥协调能力，连北平日军的报纸也说："此次华军出动之情形，实有精密之组织。"

生活上互相关心

太行山条件艰苦，在八路军总部，不分总司令、副总司令、参谋长，都和战士们一样，一同吃大灶，食物主要是小米饭、土豆。

彭德怀和左权都是湖南人，在吃饭方面，习惯差不多。左权喜欢吃辣椒，彭德怀因为肠胃病，虽然喜欢，却不敢开戒。两人都喜欢吃鱼，可是太行山不是鱼米之乡，难得有吃鱼的机会。一有机会，左权总是让着彭德怀。他说，辣椒不比鱼差。他把生辣椒放火上一烤，烤得绿一块，黑一块，并把它称为虎皮辣椒，用盐一拌，吃得津津有味。

彭德怀不抽烟，也不喝酒，就喜欢饭后喝茶，而且喝到最后，连茶叶都嚼得精光。左权则是杆"烟枪"，一支接一支，可以不停地打"连发"。这是他消除疲劳的最有效的方法。因为烟抽多了，每月五元钱的津贴常常不够开销。有一次，他的袜子破得都不能穿了，警卫员提议用津贴买双袜子。可是津贴有限，买了袜子就没钱买烟。左权说，袜子暂时补一补，对付到下个月再说。在他看来，烟比袜子更重要。

知道了彼此的喜好，两人总是互相关心。一次，彭德怀得到一盒香烟，便用纸在外面加了"掩护"，准备送给左权，不知被总部哪个工作人员"侦察"到了，摸走了几支。彭德怀发现后，赶快给左权送去。他指着烟盒子说："再不送来，层层抽税，就只有形式没有内容了！"左权要是弄到了茶叶，也会当彭德怀的"运输队长"，立即给他"运"过去。

与彭德怀相比，左权虽然年轻，但身体并不算好，左半身有轻度的麻痹症，一遇上阴雨天气，病情就会加重。彭德怀劝他抓紧治疗。左权想，如果丢下工作去治病，势必加重彭德怀的负担，于是总是推说："你不也是带病工作吗？我这种病好对付，跑一跑，动一动，出身汗就轻快了。"

对于左权的喜事、好事，彭德怀比自己的事还高兴。1940年5月下旬的一天，在武乡县土河坪八路军总部医院里，左权的女儿出生了。这时正是彭德怀和左权策划组织百团大战的前夕，左权因为去外地办事，还不知道孩子出生的消息，彭德怀、浦安修夫妇第一时间赶来看望。彭德怀问左权的夫人刘志兰：“给孩子取名字了没有？”刘志兰回答：“还没有。”彭德怀说：“刘师长的儿子叫太行，你们的女儿就叫太北吧。”取名太北，是因为武乡是太行山抗日根据地的一部分，属太北区。左权回家后听说彭德怀给孩子取了名字，觉得很有纪念意义，欣然同意。

安全上互相照顾

左权认为自己年轻，每当战斗危险之时，他都抢先上前，把危险系在自己身上。八路军总部每次在战斗中转移，左权总是让朱德和彭德怀先走。可是朱德和彭德怀偏偏又是倔强脾气，都不愿先走。

1942 年 5 月，日军纠集三万兵力，再次对太行山抗日根据地发动了空前残酷的大“扫荡”，形势十分严峻。鉴于当时敌我兵力对比悬殊，彭德怀、左权连日开会研究对策。左权提出：在敌军分路合击时，乘隙钻出合击圈；当日军扑空撤退时，伺机集中兵力歼其一路至几路。一切部署完毕，八路军总部各部门于 5 月 23 日奉命转移。

25 日，走了一整夜的队伍来到辽县麻田十字岭休息时，日军突然包围上来，并伴随飞机大炮肆意轰击。考虑到人多目标大，彭德怀、左权决定部队分西、北、南三个方向突围，各自为战，左权承担全面指挥突围的重任。

十字岭位于今河北涉县南艾铺和辽县北艾铺的交界处，正岭呈东西走向，连绵起伏数十里，和大小不等南北走向的山岭交错，状似“十”字形，海拔约一千三百米，是一个制高点。控制了这个制高点，向西北方向突围才有可能。

八路军三八五旅七六九团一营首先控制了十字岭，掩护各部突围。从清早到下午，日军几次向十字岭猛扑，都被击退。

面对这一危险处境，左权一边鼓舞士气，一边迅速督促彭德怀赶快转移。彭德怀则坚持要同机关一块儿突围，双方争执不下。左权严肃地说：“你是副总司令，你安全突围出去就是胜利，机关突围由我指挥。时间不允许争论了。”随即命令警卫人员强行将彭德怀扶上了马。

目送彭德怀离去后，左权又奔向司令部直属队，继续指挥大队人马的突围行动。当队伍冲向敌军最后一道封锁线时，敌人的火力更加猛烈。突然，一发炮弹落在左权身边，他不顾危险，高喊着让大家卧倒。接着第二发炮弹又接踵而至，左权的头部、胸部、腹部多处中弹，英勇牺牲。

彭德怀率总部机关转移到安全地方，得知左权牺牲的消息后，悲痛万分。10 月 10 日，当晋冀鲁豫边区政府将左权灵柩由十字岭移至涉县石门村太行山麓举行公葬时，彭德怀含泪写下《左权同志碑志》：

左权同志，湖南醴陵人。幼聪敏，性沉静。稍长，读书即务实用，向往真理尤切。一九二四年（应为一九二五年）参加中国共产党，献身革命，生死以之。始学于黄埔军校，继攻于苏联陆大。业成归国，戮力军事，埋头苦干，虚怀若谷。虽临百险，乐然不疲。以孱弱领军长征，倍见积极果决之精神。中国红军之艰难缔造，实与有力焉。迨乎七七事变，倭寇侵凌。我军奋起抗敌，作战几遍中原。同志膺我军副参谋长之重责，

1938年，左权（后排左一）、朱德（后排左三）、彭德怀（后排右一）接见美国记者

左 权

彭德怀和长征到达陕北后的红军部分将领合影。左起：左权、彭德怀、聂荣臻、陈赓、孙毅、聂鹤亭

左權同志碑誌

左權同志湖南醴陵人幼聰敏性沉靜稍長讀書即務實用嚮往真理尤切一九二四年参加中國共産黨獻身革命生死以之始学於黄埔軍校继攻於蘇聯陸大業成歸國致力軍事埋頭苦幹虚懷若谷雖臨百險泰然不驚以羸弱領軍長征倍見積極果決之精神中國紅軍之艱難締造與有力焉迨乎七七事變倭寇侵凌我軍奮起抗敵作戰幾遍中原同志膺我軍副参謀長之重責五年一日建樹實多不幸一九四二年五月二十五日清漳河戰役率偏師與十倍之倭賊鬥遽以英勇殉國聞得年僅三十有六壯志未成遺恨太行露冷風凄慟失全民優秀之指揮隆塚豐碑永昭堅貞不拔之毅魄德懷相與也深相知更切用書梗概勒石以銘是為誌

彭德懷謹撰并書

中華民國三十一雙十節

彭德怀在1942年亲自撰写的《左权同志碑志》

五年一日，建树实多。不幸一九四二年五月二十五日，清漳河战役，率偏师与十倍之倭贼斗，遽以英勇殉国闻。得年仅三十有六（应为七）。壮志未成，遗恨太行。露冷风凄，恸失全民优秀之指挥；隆冢丰碑，永昭坚贞不拔之毅魄。德怀相与也深，相知更切。用书梗概，勒石以铭，是为志。

彭德怀谨撰并书

中华民国三十一年双十节

（本文选自中国共产党新闻网）

官陡门战斗

——八分钟大写“奇袭”二字

文 / 任洪森

粟 裕

1939年初，日军开始在南京、镇江、芜湖三角地带进一步增强兵力，采用攻守并用的战术，深入重要集镇，构筑“梅花桩”式的据点，对新四军的茅山根据地进行了大规模的“扫荡”。而国民党又抛出了“画地为牢”的毒计，规定江南新四军只能在江宁、句容、丹阳、镇江、当涂、芜湖一带活动，其实质就是为了限制新四军发展壮大。

为了争取更主动的局面，新四军第二支队副司令员粟裕决定亲率第二支队第三团，远程奔袭，拔掉位于安徽芜湖近郊日军飞机场外围扁担河两岸的官陡门据点。

对这一作战计划，多数同志的反应都是“太过于冒险了”，理由有三：其一，官陡门据点四周河沟交叉，河上只有约一米宽的木板桥贯通，敌人在据点周围设有三层铁丝网和掩蔽工事，可谓易守难攻。其二，官陡门据点地理位置独特，距铁道最近处只有2.5公里，距飞机场不到2.5公里，南面四公里的永安桥、北面五公里的官陡门均有日伪军驻守的据点；一旦官陡门有风吹草动，敌人必会从西、南、北三面据点派出增援部队，半小时内就可以赶到；从芜湖机场起飞的敌机不到两分钟即可飞临官陡门上空，实施空中支援。其三，进攻官陡门据点的路线只有两条，不仅要通过几条深不可徒涉的河流，而且必经敌人重兵把守的青山、黄池据点。

粟裕耐心地向大家解释：现在我们是在交通发达的平原、水网地区同敌人作战，这就要求我们要像鹰抓兔子似的，采取突然的、短促的像闪电一样的袭击，打敌人个措手不及；敌人认为最安全的地方，往往就是最麻痹大意的地方，看似固若金汤的据点，实则疏于防守、不堪一击；只要我们计划周密，行动果断，就一定会成功的！

善于出奇谋、用奇兵、建奇功的粟裕，这次要在敌人的心脏地带导演一幕出奇制胜的活剧。

1939年1月18日清晨，粟裕作了简短的动员后，就率领部队轻装出发了。为了不暴露行踪，部队在冒雨北进二十五公里后停止行动，隐蔽宿营。

19日下午，粟裕组织部队悄悄上船，突然转向西开，在敌人的眼皮底下偷偷渡过丹阳湖。部队翻过湖西岸的堤埂后，立即换乘早已预备好的几只装肥料的船，继续隐蔽西进，于午夜时分到达预定地点集结，整装待命。此地距官陡门还有近四十公里的路程。

20日下午5时，粟裕带领部队冒着凛冽的寒风继续向西疾进。晚8时，按战前部署，掩护部队从南、北两面向青山和黄池的敌人据点隐蔽前进，以保护攻击部队的侧翼安全；攻击部队继续向官陡门搜索前进。

21日子夜2时，攻击部队行进至离官陡门约十公里的地方时，一个棘手的问题摆在了粟裕面前：前方有一条河，由于水深需要乘船摆渡。如果走水路，部队很可能会因敌人封锁渡船而找不到船过河；如果走陆路，就会多绕五公里路，这对已经连续行军近九个小时、人困马乏的部队来说不仅是个严峻的考验，而且一旦不能在天亮前赶到官陡门发起攻击，计划就会前功尽弃，甚至还会陷于增援之敌的重兵包围中。

粟裕当机立断：还是走陆路！为了节省时间，官兵们饿着肚子在黑夜中急行军，在巧妙地通过敌人的头道桥据点后，于4时许神不知鬼不觉地抵达距官陡门约二公里的王石桥。按照预定作战方案，粟裕率攻击部队主力冲过桥，从西向东打；另一部沿河东岸北进，实施夹击。

在冬日黎明前最黑暗、最阴冷的时刻，据点里的敌人正躺在暖暖的被窝里睡大觉。粟裕果断命令部队出击。顿时，枪声、手榴弹爆炸声、冲锋号声和“缴枪不杀”的呐喊声响成一片。接着，东岸部队的机枪也打响了。攻击部队迅速突破铁丝网和其他障碍物，冲进据点。从睡梦中惊醒的敌人还没有弄清到底发生了什么事，就被打得人仰马翻，甚至有的敌人还没穿好衣服，就稀里糊涂地当了俘虏。趁着敌人惊慌失措之际，粟

官陡门大战纪念园石碑

粟　裕

粟裕在新四军官陡门战斗战利品照片上题写长文

裕指挥部队一鼓作气，冲到河边，夺取了小木桥，占领了伪军司令部。伪军残部乘夜暗四处逃窜。

整个战斗只用了短短的八分钟，连同清扫战场总共用时二十分钟。当周围的敌人明白过来，纷纷向官陡门据点增援时，粟裕早已率领部队押着俘虏，带着战利品安全撤走了。奇袭官陡门，新四军大获全胜，以轻伤两人的微小代价，歼敌三百余人，其中俘敌五十七人，还缴获了一大批枪支弹药。

此战，让日军气急败坏又无可奈何："新四军是个神，你打他时一个也没有，他打你时都出来了。"国民党军第三战区还专门邀请粟裕去讲授游击战的经验。从战法、战术动作到打击对象和目标选择，粟裕一连讲了几个小时，生动活泼，通俗深刻，令国民党军将领们赞不绝口。一位曾参与过"围剿"红军的川军师长更是颇为感慨："粟司令，从前我对你们共产党的军队是有点瞧不起的。可是今天听了你的报告，我才知道你们的水平太高了。共产党里有你这样的人，难怪立于不败之地！以后还请多多关照。"后来，重庆《新华日报》还刊登了由粟裕亲自撰写的介绍此次战斗经验的文章——《芜湖近郊官陡门的奇袭》，粟裕指挥游击战出神入化的美名被广为传颂。

（本文选自《解放军报》）

杰出的红军指挥员——蔡升熙

文 / 沙京田

蔡升熙

蔡升熙（蔡申熙），1906 年生，湖南醴陵人。徐向前元帅在其回忆录《历史的回顾》中，曾这样介绍他："蔡升熙同志是红十五军的主要创始人之一，对鄂豫皖红军的建设和发展作出了重大贡献。他不仅具有战略家的胆识和气度，而且在历次战役战斗中机智果断，勇猛顽强，因而在红四方面军中有很高的威望。在河口镇地区作战中，他身负重伤后躺在担架上仍指挥战斗，直至坚持到胜利，充分表现出一个杰出红军高级指挥员的责任感和无畏精神。"

投笔从戎

蔡升熙出生于贫苦农户的家庭，尽管在小学读书时以成绩优异闻名乡里，但家庭无法负担其继续学习的费用，所幸有族长的支持得以继续求学，并于 1920 年考取了醴陵县立中学，在校积极参加进步学生运动。1921 年冬，李立三到安源开展工运工作，并多次回醴陵向母校县立中学的师生传播马克思主义，少年时的蔡升熙深受启发。1923年，蔡升熙与同学们组织了社会问题研究社，他们订阅进步书刊，定期学习讨论，还主办了《前进》周刊，宣传新思想，揭露帝国主义、封建军阀的罪行，在当时的醴陵知识界颇有影响。这年年底，孙中山的建国陆海军大元帅府军政部开办陆军讲武学堂，秘密派人到湖南招生，蔡升熙与一些同学报名应考。1924年春，他与左权、张际春、李隆光、叶彧龙、邓文仪、李才霞、何元准等八人从岳阳乘船经武汉到上海，后由海路到达广州，于2月底进入讲武堂学习。1924年5月，黄埔陆军军官学校成立，讲武学堂与之合并，蔡升熙转入黄埔军校第一期学习。在校期间，他与陈赓、许继慎、王尔琢、蒋先云等人交往密切，思想进步很快，于1924年秋加入了中国共产党，走上了为共产主义事业而奋斗的道路。

智勇双全

黄埔军校毕业后，蔡升熙留在军校教导团工作，1925年参加了平定广州商团叛乱和讨伐军阀陈炯明的两次东征。1926年“中山舰”事件后，蔡升熙调至国民革命军第四军第十二师张发奎部任营长，7月随部队参加北伐。1927年4月，蒋介石发动反革命政变，在中国共产党的指示下，蔡升熙回到湖南农村从事发动群众、武装群众的工作。5月21日“马日事变”后，蔡升熙转赴武汉，在贺龙任军长的第二十军任团长，随部队参

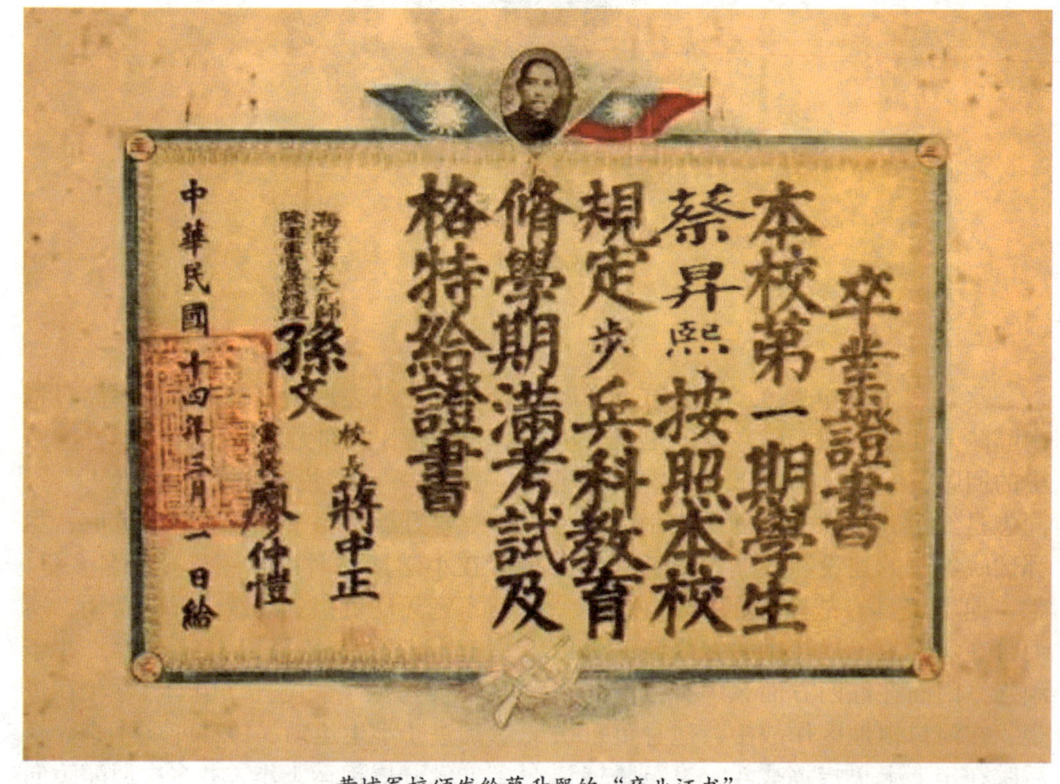
卒業證書
本校第一期學生
蔡昇熙按照本校
規定步兵科教育
脩學期滿考試及
格特給證書
海陸軍大元帥 孫文
校長 蔣中正
黨代表 廖仲愷
中華民國十四年三月一日給

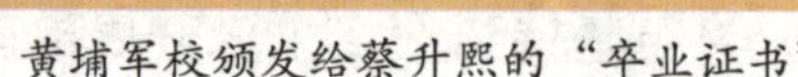
黄埔军校颁发给蔡升熙的“卒业证书”

鄂豫皖革命根据地烈士纪念碑

加了南昌起义和广州起义，任广州市公安局局长。

广州起义失败后，他辗转到上海，在周恩来主持的中共中央军事委员会工作。1928年，蔡升熙任中共江西省委军委书记。他怀着对党的无限忠诚和对反动派的满腔仇恨，与敌人展开了顽强的斗争，不仅发展了城市地下党的力量，而且为扩大红军的数量进行了卓有成效的工作。1929年秋，为配合红四军开辟赣南闽西根据地，蔡升熙与赵醒吾等成功地策动了罗炳辉部起义。军阀鲁涤平任江西省政府主席后，疯狂地伺机破坏中共江西省委，他们在南昌街头张贴通缉令，并登报悬赏。面对敌人的追捕，蔡升熙毫不畏惧，他依靠群众，同敌人斗智斗勇，多次巧妙地躲过了敌人的搜捕。

蔡升熙身份暴露后来到东固革命根据地，任游击队第一路总指挥，统一指挥江西地方红军第二、三、四团，后与罗炳辉的第五团合编成立了红六军（后改为红三军）。这支部队有力地配合了井冈山革命根据地的斗争，当地群众有“上有井冈山，下有东固山”之说。1929年11月，为配合湘赣边反“围剿”斗争，蔡升熙率部西渡赣江，出其不意地攻克国民党军队供应基地峡江县城，使红军游击队得到大量物资补充。

参加反“围剿”斗争

1930年6月，蔡升熙被调往武汉任中共中央长江局军事部部长，领导鄂东南武装斗争，并参与指挥攻打宿松、广济、英山等战斗，连战告捷。10月，任中国工农红军第十五军军长。蔡升熙和政委陈奇一起迅速建立健全了各级政治机关和党、团组织，加强了部队的政治工作和军事教育，使红十五军的政治素质和军事素质有了较大的提高。接着，蔡升熙率部开展了一系列的军事行动：冒雨攻打黄梅县城；夜袭蕲春重镇张家塝，夺取敌人的武器弹药库；奔袭桐梓河，歼敌一个营；攻入没有坚固设防的太湖县城，为部队补充物资。11月，蔡升熙挥师北上，到达皖西根据地，与中共鄂豫皖特委取得联系后，投入鄂豫皖第一次反“围剿”战斗。红十五军在蔡升熙的率领下，尽管面临远离家乡、长途转战、人困马乏、弹药缺少、御寒衣物不足的困境，仍然以机动灵活的战术，紧密配合地方武装，避敌锋芒，攻其虚弱，打了不少胜仗，给予敌军重大打击。12月下旬，敌人大举进攻根据地中心区——黄安七里坪，红十五军在十倍于己的敌军面前，经过两昼夜激烈的阻击战，掩护鄂豫皖特委机关向东转移，于1931年1月上旬在鄂东北的福田河与红一军会师。会师后红十五军与红一军合编为红四军，蔡升熙任第十师师长，2月被选为中共鄂豫皖特委委员兼军委副主席。

培养军政干部

1931年3月，在消灭国民党第三十四师的战役中，蔡升熙右臂和左腿被敌机枪同时射中，他一面让人包扎伤口，一面继续在前沿阵地指挥战斗，一直坚持到战斗胜利。后因伤势严重、医疗条件差，致使右臂残废。蔡升熙伤好后到刚改建的彭（湃）杨（殷）军事政治学校担任校长。为了办好学校，培养革命急需的军政干部，蔡升熙常常彻夜不眠地钻研，仔细审定各种教育计划。他十分重视政治思想教育，并强调贯彻理论联系实际、教育与训练必须结合实战要求的教学方针，还经常亲自给学员上课。他在学校主持了四期训练，为鄂豫皖苏区培养出大批军政干部，为学校赢得了根据地“干部的摇篮”的荣誉。

作为鄂豫皖苏区党和军队的主要领导者之一，蔡升熙在制定根据地大政方针方面起了重要作用。他主张改善领导方法，提高正规化程度，促进了鄂豫皖红军的建设。由于他德才兼备，深孚众望，连骄横自负、不可一世的张国焘都不得不承认蔡升熙“在战略见解上则往往有独到之处”，是“具有战略见解的人才”。

1932年7月，当国民党军对鄂豫皖苏区发动第四次“围剿”时，蔡升熙临危受命，出任红二十五军军长。9月底，红四方面军主力由燕子河出发西进，蔡升熙率红二十五军殿后掩护。10月8日，红军主力在黄安（今红安）河口镇地区，与国民党军两个师遭遇，发生激战。9日，国民党军增加兵力后继续进攻。蔡升熙指挥部队顽强抗击敌人，不幸中弹。他捂住伤口，咬紧牙关，躺在担架上坚持指挥战斗，直至壮烈牺牲，年仅二十六岁。

（本文选自《中华魂》）

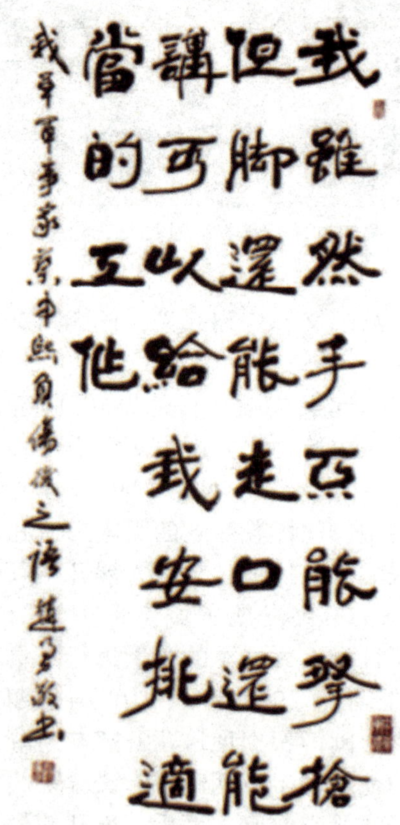

“我虽然手不能拿枪，但脚还能走，口还能讲，可以给我安排适当的工作。”1931年3月蔡升熙负伤后之语

塘马战斗功垂青史

文/张　燕

塘马村，位于溧阳市北部，约有百余户人家，它的北面、西北和东北面是冈峦起伏的丘陵，东面、南面是水乡平原，利于屯兵，加上这一带是革命老区，群众基础好。1941年11月，新四军第六师十六旅旅部和苏南地方党政领导机关，以及医院、被服厂等后勤机关，还有旅部教导大队、特务连和第四十八团二营等就驻扎在塘马及周围的观阳、玉华山、戴巷、下梅、邵笪里等十余个村庄里，并在此开会和军训。

11月28日凌晨，时值初冬，重雾弥漫。日军第十五师团步、骑、炮兵三千余人以及伪军八百余人在坦克的掩护下，趁着大雾，分东北、西北、西南三路奔袭塘马村，企图消灭新四军第十六旅旅部和我苏南地方党政领导机关。6时许，派往西北瓦屋山、大山口方向的侦察人员与敌遭遇，掷手榴弹报警；东北观阳方向的哨兵发现了敌人后，也鸣枪报警；接着西南方向也响起了枪声。罗忠毅、廖海涛迅速在村西头刘家祠堂前用望远镜察看敌情，发现敌人来势凶猛，两人研究后，立即命令驻守在塘马东北观阳村的旅部特务连和西北、西南面南山洼、邵笪里一带的第四十八团二营阻击敌人，严守阵地；北面下宅里、大家庄一带的第四十七团二营向塘马收拢；后周附近的第四十六团九连配合第四十八团二营阻击西南方来敌。同时，罗、廖决定机关人员迅速向燕东转移，地方工作人员组织群众往南转移。

其时，罗忠毅要廖海涛率领旅部和苏南地方党政领导机关和后勤单位人员先行突围，但廖海涛执意要罗忠毅先走，他留下指挥部队阻击，最后两人谁也没走，相继派旅政治部组织科长王直和原旅参谋长、第四十八团团长王胜率领转移人员行动。此时，战斗已经很激烈，担任阻击任务的旅部特务连和第四十八团二营及团部特务连已打退了敌人的多次进攻，敌人的炮弹在塘马村不断爆炸，罗忠毅冒着敌人的炮火在村东下木桥指挥机关人员转移。至8时，在观阳村进行了三个小时阻击战斗的旅部特务连余部奉命撤至塘马南面的后周桥；在南山洼、邵笪里一带的第四十八团二营与敌激战一个多小时后，其余部也奉命撤至拖板桥以东进行抗击。

此时，罗旅长和廖政委认为敌人还未形成包围圈，掩护机关人员转移的作战部队也可以向东转移，但敌人一定会

罗忠毅

尾随跟进，这样，部队和机关人员都会遭到敌人追击而陷入重围。于是，罗、廖首长在刘家祠堂前召开了紧急会议，再次作出战斗部署：旅部特务连、第四十八团二营及团部特务连各部坚守现有阵地，抗击敌人，把敌人拖住，以确保旅部和苏南地方党政领导机关一千余人的安全转移；从第四十八团二营中抽调了六十余人由营教导员廖望金率领，直接去掩护已向东转移的机关人员。塘马东北玉华山的旅部教导大队在大队长刘一鸿率领下与敌决战后，剩余人员也向东转移，二营五连指导员陈浩率领的“小鬼班”移至塘马村时，也被罗旅长派往东去掩护机关人员。

战至9时许，罗忠毅、廖海涛将第四十八团二营余部集中收拢到塘马村南王家庄一带，与在后周桥的旅部特务连协同作战，连续打击并拖住敌人，以确保旅部和苏南地方党政领导机关人员的转移。不久，因驻别桥、绸缪的国民党军撤出其防区，让开了王家庄东南侧翼。此时，罗旅长意识到将要四面受敌，要廖海涛率领政治干部赶快向东突围，他自己率留下人员坚守王家庄，死死拖住敌人。但廖海涛还是坚持要他先走，结果两人都没有离开战斗岗位。廖海涛带领四十八团特务连余部到王家庄北抗击敌人，罗忠毅率领二营余部在村西阻击来犯之敌。

10时许，敌人向我后周桥和王家庄阵地发起多路合击，轮番疯狂进攻，罗、廖首长各自指挥所部，与敌人展开了血战，打退了敌人的多次进攻。因廖海涛所在的阵地伤亡人员多，情况更加危急，罗忠毅急令五连三排排长带领二十余人去支援。此时，我王家庄阵地硝烟弥漫，鲜血飞溅。当罗旅长身边只剩下六七个战士时，突然，又一名机枪手倒下，他取过机枪向敌人猛扫，敌人一个个倒了下去。不久，罗忠毅身边只剩下三个警卫员。警卫班长向他提出突围请求时，罗旅长为了保证机关人员的安全转移，誓死坚守到天黑。激战中，他不幸被敌人的子弹击中了头部，连人带枪倒在血泊中。在百米外的廖海涛听到罗旅长牺牲的消息后，立即向指战员们发出了“为罗旅长报仇，坚决消灭敌人”的战斗动员。指战员们决心与敌人血战到底。

中午时分，我后周桥阵地上，日伪军在炮火的支持下，不断发起攻击。旅部特务连指战员们依托河堤顽强抗击，排长林杰等五十余位同志壮烈牺牲，桥面被尸体铺满，河水被鲜血染红，终因寡不敌众，后周桥失守。冲过桥的敌人与王家庄北和东面的敌人都压了过来，把四十八团二营和旅部特务连余部完全包围在王家庄方圆不足一平方公里的区

廖海涛

域内。廖海涛率领指战员们利用土墙、土包、树林等作掩护，与敌展开了殊死血战。激战中，指战员们子弹打完了，便上刺刀与敌人搏斗。廖海涛在率部突围时肩背着牺牲战士的两支步枪，手提机枪射击敌人。突然一颗炸弹在他身边爆炸，弹片击中腹部，但他仍顽强地指挥战士作战，肠子蠕动着往外冒，塞进去又流出来。警卫员立即到茅棚村找来了门板，将廖政委抬到了村上一户农家，让他躺在草堆边。廖海涛不顾伤痛向黄兰弟营长等嘱咐，要带领大家拼死突围。黄兰弟等只好奉命离去，嘱托房东大嫂照顾廖政委。日伪军进入茅棚村后，大嫂迅速用稻草将廖政委掩盖好。下午3时许，日伪军撤离后，房东大嫂急忙将稻草搬开，看到廖海涛双眼紧闭，早已停止了呼吸。

下午3时许，二营教导员廖望金率领的六十余人和五连指导员陈浩率领的“小鬼班”十多人，六连周德利排长负责的重机枪班及勤杂人员等分别在陆甲和西阳村完成阻击敌人的任务后，到达戴家桥。王直、王胜率领的旅部和苏南地方党政领导机关一千余人也到达了戴家桥的清水渎及杨店。因东面长荡湖不仅无船可渡，还有日军炮艇巡逻，只好暂时集结在那里。戴家桥是个十多户的小村，村前有条六七米宽的大河，河上有座桥，只要能守住桥，不让西边跟踪而来的敌人过河，坚持到天黑，我党政军机关人员就可伺机转移。于是，王直、王胜等召集廖望金等干部召开了紧急会议，将九十余名战斗人员组成一个连，死守戴家桥，打退了敌人的多次进攻。

下午4时许，敌人绕开戴家桥，迂回渡河攻击，但被我军识破打退。于是敌人又向我军守桥阵地发起进攻，我军指战员奋起抗击，再次将敌人打退，此战“小鬼班”班长罗章顺不幸牺牲。5时许，敌人集中火力进攻，占领了戴家桥西岸，一些日军还冲上桥面，但被我军击溃。敌人不甘心，又用木材等架设浮桥强渡，亦遭到我军的痛击。

夜9时许，成批的敌人多次企图乘

塘马战斗烈士陵园

夜偷渡，均被击退，只好中止了进攻，但在戴家桥西岸沿河点起篝火，在估计我军可能突围经过路上的制高点和路口设伏，在长荡湖里也增加了巡逻艇，组成层层封锁，还从丹阳等地调来了增援部队，企图待天亮后发起攻击、围歼。11时许，根据溧阳县抗日民主政府县长陈练升等侦察了解的路线，第十六旅旅部和苏南党政领导机关一千余人开始向西北方向转移，由陈县长做向导，旅部教导大队为前卫，旅部和地方党政领导机关人员为本队，坚守戴家桥人员殿后，从指前标、罗村坝等地日伪之间的结合部，摸黑行走近百里，于拂晓前到达黄金山、横山岗地区，跳出了敌人的合围圈。而后，苏南保安司令部仍回茅山地区，苏南督察专员公署到长口地区随四十七团团部行动，第十六旅旅部、苏皖区党委和一部分部队于第二天到达溧水白马桥地区与第四十六团会合。

塘马之战，动天地，泣鬼神。旅长罗忠毅、政委廖海涛等二百七十余位指战员壮烈牺牲，受到较大损失；但毙敌五百余人，粉碎了敌人企图一举消灭新四军第十六旅旅部和苏南地方党政领导机关的阴谋，而且使苏南党政军机关人员一千余人突出重围，为我党我军保存了一大批领导骨干和有生力量。这对于坚持和发展苏南抗日根据地，夺取抗日战争的胜利做出了重要贡献。

往事虽逝，来事犹可追，正是这些民族英雄在党的领导下，不屈不挠、前仆后继地斗争，苏南人民终于迎来百万雄师下江南，推翻旧政权，建立中华人民共和国。

（感谢北京新四军研究会供稿）

英勇抗击日敌的李泽民

文/陈锦爱　王　晖

琼崖纵队用过的武器

李泽民（1909—1944年），海南琼海人。1933年参加革命，1936年参加中国共产党，任中共振北区委书记。1939年参加琼崖独立总队，先后任第三大队第八中队中队长，第二支队第一大队大队长，第二支队副支队长，1944年在与日军战斗中牺牲。

1939年2月10日凌晨，日本侵略军炮击海口市，三百万琼崖同胞从此陷入水深火热之中。中共琼崖特委决定将抗日独立队扩编为独立总队，并要求各县县委推荐一批优秀的地方党政干部到部队任职。琼东县委推荐的第一位对象是李泽民。

李泽民来到抗日独立总队后，出任第三大队第八中队中队长，不久，又调任第二支队第一大队大队长。1942年5月，侵琼日军集中力量，加紧对琼文抗日根据地进行“蚕食”。特委要求各部队认真研究敌人的行动规律，避实就虚，不断杀伤敌人，保存自己实力。李泽民经过周密调查，掌握了敌人通常从大致坡、树德、新桥一线平行推进的行动规律，便向支队部提出派遣几个游击小分队牵制各路敌人，从而集中精干兵力伏击，歼敌一路，砍断其一根“梳齿”的作战方案，并取得领导的批准。第二天，日军果然分路向我军进攻。在李泽民的周密部署下，打了一场漂亮仗，打死打伤敌官兵十多人，缴获步枪八支，手枪一支，重机枪一挺，我军无一伤亡。不久，日军对琼文平原地区进行更大规模的“扫荡”，总队部决定采取分散游击的对策打击敌人，并派李泽民率第二支队第一大队插入文昌北部的昌洒、东阁一带，伺机歼灭敌人。当时驻东阁据点的日军连日到处抓人修路，四出劫掠，群众怨声载道，强烈要求我部队为民除害。为了摸清敌情，李泽民化装成农夫，深入虎穴，观察地形，掌握了日军早出晚归的活动规律，从而确定了作战方案。第二天拂晓前，李泽民率领部队潜到东阁镇附近的灌木林里隐蔽起来。傍晚，日军归营时，他毅然下达了战斗命令，一阵密集的机枪声和手榴弹声震天动地，战斗仅进行了二十分钟，击毙日兵二十多名。

1942 年 10 月，日军又集中更大力量向琼文根据地进行更大规模的“蚕食”“扫荡”。李泽民率领第一大队在公坡至昌洒公路伏击日军军车一辆，歼敌二十多人，缴获轻机关枪一挺，掷弹筒一具，长短枪十九支；后又在龙马至翁田公路伏击日军车一辆，歼敌二十多人，缴获轻机关枪一挺，手提机枪一支，步枪二十多支。年底第二支队副支队长覃威在战斗中壮烈牺牲，李泽民接任副支队长，兼任第一大队长。

由于日军的残酷“扫荡”，为了保存与发展自己，特委和总队部制定了“坚持内线，挺出外线”的方针，1943 年 1 月，副总队长庄田和李泽民率领第二支队第一大队向琼东、定安县挺进，同原在定安县活动的挺进队及原在乐万地区的第三支队会合，开展斗争，扩大琼东南抗日根据地。

第二支队第一大队进入琼东境内，就遇到预想不到的困难，敌人早已把抗日根据地外围的所谓“治安区”封锁得严严实实了。第一大队开到李泽民家乡附近的虎头山驻扎后，日军立即派出“讨伐军”上千人，离开琼文转到琼东北部，向第一大队尾追而来，并调集琼东境内的日伪军共二千多人发动大规模的进攻，企图将第一大队围歼于虎头山上。李泽民熟悉当地的地理环境，沉着指挥我军从容转移。日军几次扑空后就变换战术，分路上山搜索，哪里发生战斗，主力就扑向哪里。李泽民根据遭遇战爆发的突然性和近距离短兵相接可以遏制敌人炮兵火力的特点，决定运用平原游击战的经验，打一场以消灭日军搜山部队为目标的山地伏击战。2 月中旬的一天，在李泽民的亲自指挥下，第一大队集中一个加强连兵力，配备两挺轻机枪、两支手提冲锋枪和手枪班，在一道山沟陡路上的山路旁设下埋伏。上午 9 时许，

抗战时期出没于丛林中的琼崖独立纵队战士

1950年我人民解放军和琼崖纵队在五指山上会师

日军按照往常的队形向我军进攻。当他们的先头部队三十多人进入我伏击阵地时，李泽民一声令下，我军居高临下，集中火力向日军射击，同时掷出几颗手榴弹，接着手枪班发起冲锋，打死打伤日军十九名，缴获步枪八支。当日军再次集中炮火向我军阵地猛烈轰击时，李泽民早就带领我军转移了。

就这样，李泽民指挥第一大队在琼东县北部山区同日军周旋了一个多月，大小战斗共进行三十一次，给日伪军一定的杀伤，站稳了脚跟。

1943年夏天，特委和总队部决定将活动在琼东县的第二支队第一大队和原在定安县内洞山的挺进队合编为第五支队，建立内洞山根据地。李泽民率领第一大队到内洞山参加合编，合编后，他任第五支队副支队长。秋天，由于环境日趋恶劣，特委放弃在内洞山建立根据地的打算，取消了第五支队建制。留下三十多名战士组成短枪队，由陈求光任队长，在内洞山坚持斗争。李泽民跟随陈求光短枪队活动。

1944年6月27日，狂风大作，电闪雷鸣，下起了倾盆大雨。战士们的衣服都湿透了，冷得身体直抖。李泽民只好带领战士们离开驻地——牛根肚，来到附近的椰子村躲避风雨，正好与日军相遇，展开了一场激战。在战斗中，李泽民为了民族的解放事业英勇牺牲了，时年三十五岁。

（本文选自海南省史志网）

琼崖纵队指战员

红树林的女儿——黄秀仙

文／符史炯

黄秀仙（1913—1943年），女，海南海口演丰镇人。1939年参加革命。同年加入中国共产党，并任演丰乡第十一保妇救会副会长。1941年任苏寻三乡妇救会会长。1943年为保护群众英勇就义。

黄秀仙十二岁时，父母双亡，十六岁时卖身给别人当丫鬟，受尽了压迫和非人的折磨。她常常望着天空上飞翔的鸟儿，暗自下决心："我一定要挣脱牢笼，像那鸟儿一样，自由自在地翱翔于广阔的天空。"特别是在听了从广州读大学回到家乡的林耀簇等人宣传的革命道理后，她深深地认识到，中国劳苦大众内受封建地主的压迫和剥削，外受帝国主义列强的掠夺，生活在水深火热之中，要翻身、得解放，就必须勇敢地起来，跟着共产党闹革命。

1939年2月10日，日本侵略者的铁蹄踏上了海南岛。日军登陆后，到处修建碉堡、设立据点，施行法西斯手段，杀人、放火、抢劫。全琼崖一时天昏地暗，血流成河，尸首遍野，无房不起烟，无村不戴孝。黄秀仙目睹日本侵略者的罪行和同胞涂炭的悲惨情景，她义愤填膺，立即寻找地方抗日组织，投身于抗日救国洪流。在党的关怀教育与反抗日军的斗争中，逐渐从一个受人凌辱的丫鬟，成长为抗日救国的女战士。

当时环境虽然恶劣，但黄秀仙怀着对日军刻骨的仇恨和抗日救国的热情，不顾自己的安危而积极地工作。她深入各个村庄挨家逐户讲述日军的滔天罪行，传播琼崖抗日独立队打击敌人的消息，大大地激发起群众的抗日情绪。她又和妇女救国会的同志一起组织农民夜校，亲自教群众学习文化和教唱革命歌曲。由于黄秀仙工作积极肯干，不怕苦、不怕死，多次出色地完成党交给的各项任务。就在日军侵占琼崖的那年9月，她

光荣地加入了中国共产党，并被推选为演丰乡第十一保妇女救国会副会长。她入党后，在林市、龙江、博文、湖屋园、土田、下田、高呼、美园、后坡、后山仔、斋门等十多个村庄，发动一百一十多名妇女加入了妇女抗日救国会，扩大了妇女抗日组织。她和妇女救国会的同志分头动员青壮年参军、参战、上前线。在各个村庄教唱参军、上前线的歌谣："送哥出，在前行，妹送你，相陪伴，送哥自愿去前线，哥在胸前红花挂，望哥机智与勇敢，保国保家流血汗，消灭日寇才回家，欢庆胜利侬心宽。""送郎送到那边坡，转头回来向家看，望你勿挂我与娘，哥要安心上战场，冲锋向前打胜仗，侬候捷报乐心肠。"在黄秀仙和其他妇救会同志的宣传发动之下，全乡出现了父母送子女、妻送夫、姐送弟、父了兄弟姐妹一齐参军上前线的动人场面。在日军侵琼后的半年时间内，演丰乡就有一百二十多名青年参军入伍，壮大了抗日队伍，有力地保证了对日作战的需要。

在抗日战争中，国民党对抗日地区的军民采取种种限制，日伪军又实行了严密的封锁，致使抗日根据地军民的经济给养很困难。为了坚持抗战，争取最后胜利，中共琼山县委根据琼崖特委的指示，紧紧依靠人民群众，开展募捐和生产自救的群众运动。黄秀仙一方面积极宣传发动群众募捐，带领妇救会的同志走遍各个村庄，几乎把所有的垃圾堆都掀了个遍，寻找废铜废铁，还到每间公庙祖祠收集铜铁锡香炉；另一方面，她带领妇女们登山越岭，爬上几米高的香树剥树皮。她们手掌被磨起了血泡，大腿被擦破皮，鲜血直流。为了抗击日军，她们咬着牙根挺了下来。最后，把一担担的废金属和香树皮送到琼崖抗日独立总队的机械厂和造纸厂。黄秀仙还和妇女们一起下海捞鱼捉虾，上山挖药材出售，将收入捐献，支援抗日部队，多次受到各级党组织和独立总队的表扬。

1941年下半年，黄秀仙被调往琼山县苏寻三乡担任妇救会会长。她到苏寻三乡不久，就创办起十多所夜校，发动一百五十多位妇女参加夜校学习。她有时亲自给学员上课，讲解我党的抗日主张，教唱革命歌曲，激发了广大妇女的觉醒，坚定了她们跟着共产党打败日本侵略者的决心。这年的9月，上云村妇救会组长巧妙地保护中共琼山县委书记杨启安和三区妇救会的林秀花等同志脱险，而自己却不幸落入敌军手里，遭到日军的重刑拷打，受尽了折磨，但她仍然坚贞不屈。后来在党组织多方设法营救下才获释放。黄秀仙知道了这件事，便三更半夜登门慰问，为她找药敷伤，挑水做饭、喂猪养鸡，料理家务。并在海岛、上云、虎胆等村庄宣传发动妇女学习这位组长不畏强暴、坚贞不屈的事迹。由于黄秀仙工作细致深入，关心他人，她与群众建立了深厚的感情，演丰、苏寻三的乡亲都把她视为自己的亲生女儿，时刻关心她的工作和安全。

1942年日军纠集重兵，向我琼文抗日根据地进行"包围分割"。驻守三区（三江演丰一带）据点的日伪军经常下村抢掠、杀害群众。11月间的一天，日伪军百余人从三江镇的白水塘出动，配合三江、美兰据点的日伪军，对苏寻三乡连续"扫荡"。斗争十分残酷，许多同志和群众遭受了杀害。我琼文抗日根据地处在严峻的形势之中，但黄秀仙不畏缩

海南红树林

不动摇，坚持斗争。她时常扮成农妇，察看敌情，又及时向各村庄报警。乡亲们都劝她："目前环境恶劣，暂时隐蔽一下，小心点为好。"她笑说："日本侵略者弯脚筒，直眼走路难见人，抓不到我。"为了乡亲们的安全，她除了发动妇女们参与站岗放哨外，还利用房屋和刺竹丛挖地洞、坑道，既保护自己又掩护革命同志。在她的发动和帮助以及妇救会、青救会和儿童团积极的配合下，北排村的下塘妈就在家里挖了三十多米长的家庭坑道，开了几个出入口，乡区的干部经常在这里开会布置抗日工作。后来由于叛徒出卖，下塘妈惨遭敌人严刑毒打。为了惩罚叛徒，截断敌人的情报来源，黄秀仙不顾自己的安危，多次跟踪叛徒的行踪，及时报告三区委武装队，终于抓住时机，将这个可耻的家伙铲除。

1943年，三区委根据斗争形势，指示各地化整为零，开展三五人为一组的小组分散活动，缩小目标，隐蔽地灵活地打击敌人。由于黄秀仙活动频繁而出了名，引起了敌人的注意。日伪军把她视为眼中钉、肉中刺，到处设卡盯梢和张贴布告悬赏捉捕她。这年的8月4日中午，黄秀仙接到紧急通知，要她前往演丰乡罗让坡参加党的重要会议。不料，途经长宁村时，被潜伏的日伪军发现追赶，她在几位渔民的引路下巧妙地躲进红树林，在海泥中躺下，并且用海泥土和树叶将自己埋起来，只留两个鼻孔呼吸和一只耳朵听动静。日伪军四处搜查，还调用了警犬，寻来找去也不见黄秀仙的踪影。

敌人恼羞成怒，便抓了长宁村的渔民男女老少几十人，赶到海边面对红树林，荷枪实弹将群众包围起来，强迫群众交出黄秀仙。虽然受到敌人的恐吓威胁，处在危险之中，但乡亲们个个守口如瓶，谁也不吭声。日军气得暴跳如雷，扬言再不交出黄秀仙，就将乡亲们全部杀掉。敌我双方对峙了大约两个小时后，日军头目发起狠来，命令手下从人群中拖出几位年轻妇女。霎时，人群一阵骚动，几位老大娘忍不住哭出声来。日军头目命令几个士兵上刺刀，对准这几位妇女。突然，只听见红树林中传来一声喝叫："不许杀害群众，黄秀仙就在这里！"所有的人都循着喊声望去，只见红树林中站立起一个泥人，她双手叉腰，全身沾满黑色海泥，两目喷射着愤怒的火焰瞪着敌人，像一尊高大的泥塑巨像屹立在成片墨绿色的红树林中。黄秀仙一步一步地逼近日伪军，吓得日伪军个个目瞪口呆，随着这尊泥像的逼近而慌忙后退。

在场的群众都为她挺身救人的英勇行为感动得热泪盈眶，纷纷围上来，将黄秀仙护在人群中央。日军头目装出笑眯眯的神态，走到黄秀仙的面前，竖起大拇指说："姑娘大大的好。"黄秀仙愤怒地瞪了他一眼，那个日军军官吓了一跳。一个汉奸便急忙赶上来说："只要你愿意同皇军合作，可以到府城、海口住洋楼，坐轿车，享清福。你还年轻呢。"黄秀仙往汉奸的脸上吐了一口唾沫，说："你与日本鬼子合作，为日军效劳，为什么不去海口住洋楼享福，却来这里残害同胞？你不愿做中国人，要做日本鬼子走狗，贱骨头！"汉奸气得团团转，毫无办法。

日军头目见软的不行，便用枪托猛击黄秀仙的头部，还呼唤来警犬撕咬，逼黄秀仙供出我党政军的驻地和活动情况。黄秀仙说："共产党嘛，到处都有，就在广大人民群众之中，你们抓不完，杀不绝。"黄秀仙视死如归，英勇不屈，日伪军再拿不出什么办法了，气得剥光她身上的衣服。在场的群众个个攥紧拳头，咬牙切齿，愤怒的眼睛中噙着泪花。丧心病狂的敌人残忍地把她的两个乳房割下来，塞进她口里。但黄秀仙毫不屈服，她用尽最大的力气将肉块喷出来，大声高呼："中国共产党万岁！""中国必胜，日本侵略者必败！"她的声音，伴着呜咽的海涛声，随着红树林里沙沙的树叶响声，在那即将沉落的残阳下，传得很远，很远……

（本文选自海南省史志网）

红四方面军妇女独立师

——三次大捷书写娘子军传奇

文/纪　莹

红四方面军部分女战士合影

在中国人民解放军的历史上，有一支特殊的部队——所有成员是清一色的女性，她们与以男性为主的建制部队一样，担负着真刀实枪的各项作战任务。

1932年12月，红四方面军从鄂豫皖转移到川北。当时的川北偏僻落后，又被军阀分割统辖，军阀们在各自辖区大量种植鸦片，以大烟土代缴税赋。当地男人普遍吸毒，田间地头和屋里的重活都压到了妇女们身上，因此她们吃苦耐劳，特别能干。红军来到后，觉悟了的妇女纷纷参加革命，组建了一些不脱产、半军事化的妇女武装。为了整合这些力量，1933年3月底，红四方面军直属妇女独立营在通江正式成立。

勇

妇女独立营成立还不到两个月，就在单独承担的一次紧急运粮任务中旗开得胜，大展风采。

那是5月末的一天，押着粮草车的部队在营长陶万荣、政委曾广澜的带领下，于傍晚时分出发，急行了五公里以上的山路，在天快黑尽之前到达鹰龙山。正当部队想稍作休整时，正在逃窜的川军田颂尧一个团的残部出现在大家的视野中。这股敌人看到天色已黑，认为已经脱离危险，便下令休息。命令一下，当官的和当兵的便把枪弹往地下一丢，拿出烟枪，就地横躺斜卧，开始吞云吐雾……

由于妇女独立营刚刚成立，所以只有个别干部有枪，其余官兵使用的都是大刀和长矛，武器装备与敌人相差很远。但在摸准情况后，营里还是下定了消灭这股敌人的决心，并秘密部署：二连从东、三连从西、一连从正面接敌；陶营长带领进攻，曾政委带部分人员做预备队。行动悄无声息地迅速展开。一排长陈秀芝和班长何文秀干净利落地解决了敌军哨兵，之后，包围圈迅速缩小。发起进攻命令的枪声一响，瞬时间，生龙活虎的女红军冲出来大喊："缴枪不杀！"话音未落，一些大刀已架在了正过烟瘾的"双枪兵"的脖子上。胆小的立马开始抱头求饶，胆大的摸起枪撒腿就跑，并趁乱开枪。年仅十七岁的营长陶万荣是个神枪手，她两枪就解决了两个敌兵。驻扎鹰龙山的兄弟部队听到枪声也赶来增援。不到半个小时，战斗结束。击毙敌团长，俘敌副团长以下百余人，缴获长、短枪三百多支，而妇女独立营无一人伤亡。

鹰龙山大捷，妇女独立营以"勇"取胜。总部不但通报表彰了妇女独立营的战绩，而且还将所有战利品全部嘉奖给她们。

红四方面军女战士合影

智

一时间，根据地的妇女武装长足发展，如火如荼。1934 年 3 月，独立营整编为独立团。11 月，广元、长赤两县的妇女独立营又合编为独立二团。在此基础上，1935 年 2 月，红四方面军妇女独立师在旺苍坝正式整编成立，仍由总指挥部直接领导，下辖两个团，共两千五百余人——这就是迄今为止我军历史上的唯一一支妇女作战师。

这是一支青春洋溢的部队：师长张琴秋三十二岁，政委曾广澜三十三岁，除去她们两人，全师平均年龄不到二十岁。官兵们年纪虽轻，但部队的战斗力却很强。独立师成立不久，她们就打了一次漂亮利落的反歼灭战。

红军进驻广元，妇女独立师勤务连驻扎在须家山。当地一个叫冯善良的豪绅见红军来到了他的地盘，当即派人给勤务连送去一千公斤苞谷和三头肥猪。过了一阵，冯善良又派人传话，他愿意将家里的七支步枪、一门土炮送给红军，并请勤务连连长带全连战士到他家去，他要杀猪宰牛犒劳部队。

听到这个消息，勤务连连长许兰芳将信将疑，将情况报告了师部。师首长一研究，认为冯家只有几十个家丁，威胁不大，决定前往一试，但要做好防备。

原来这个冯善良一点也不善良，他送粮送物是假意示好，迷惑红军；借口送武器，其实是想将女红军骗到他家里，让与他私下勾结的邻县一民团将其包围消灭。自以为演戏成功的冯善良没想到，许兰芳只带了一个排上门取所谓的武器，而其余两个排则悄悄摸至冯家大院后面的山上隐蔽起来。正当冯善良想里应外合消灭红军时，却被训练有素的女红军来了个反包抄。冯善良花钱请来的民团一看这架势，纷纷夺路而逃，惊慌失措的冯善良也在混战中被打死。勤务连凭借巧智，以仅伤数人的代价，毙俘敌人五十余人，并缴获了大批物资，取得了整编后的第一场胜仗。

猛

长征开始后，妇女独立师也随部队踏上了征程。

驻四川党坝期间，红军严格执行党的民族政策，尊重当地风俗教义，因此与民众相处融洽。然而，有一反动寺庙，内有五百多人的喇嘛武装，表面上与红军和平相处，可私下里却时不时向红军放冷枪。出于尊重，红军没有找他们理论。可谁知道，他们越来越嚣张。一次，妇女独立师的战士正在庙外的野地摘野菜，他们竟公然开枪射杀。

一忍再忍竟被看成了软弱可欺，妇女独立师的全体官兵们感到非常愤怒，于是坚决请战。在得到上级批准后，师里立刻进行了周密的筹划部署。一天晚上，女红军借着夜色开始了行动。她们将堑壕一直挖到了喇嘛庙前。第二天天亮后，官兵们在堑壕里隐蔽前进，抵近观察。当太阳升起来时，已运动到喇嘛庙正面的女战士发起佯攻，敌人则从围墙眼里进行还击。十几分钟后，敌人突然打开庙门冲了出来，可刚一露头就陷入了红军的火力封锁。与此同时，三颗红色信号弹腾空而起，隐蔽在寺庙后山上的女红军立即冲了出来。居高临下和前后夹击的战术，顿时使敌人只有招架之功，没有还手之力。女红军趁乱攻进了庙门。敌人见状，想放火烧庙，好在火中突围；红军则一边救火，一边抓俘虏。两个小时后，战斗胜利结束。此役，女红军缴获了六百多支枪，粮食五万公斤以上，牛、马、羊三百多头，还有大批砖茶、酥油和盐巴。

这一仗，妇女独立师身手猛，战果丰，让红四方面军的男官兵们心服口服，直竖大拇指！

长征胜利前夕，妇女独立师整编为“妇女抗日先锋团”，团长、政委分别由红一方面军派出的王泉媛和吴富莲担任。随后，全团一千三百余人随部队踏上了艰辛的西征路。浴血祁连山之后，全团仅有二百多人生还，而生还者基本被俘，只有数十人日后重新回到了革命队伍。自此以后，我军再也没有组建过女性武装部队，这支创造了奇迹、将女性抗争与解放运动推到巅峰的妇女武装，最终成为凄婉而悲壮的绝唱。

（本文选自《解放军报》）

张琴秋（右一）和其他三名参加过长征的女红军合影

我是儿童团员

文/彭富九

彭富九

从村里的孩子头到儿童团长

1918年，我出生在江西省永新县一个半自耕农家庭。家乡梅花村位于湘赣边界，距井冈山不到百里。

我记事的时候，家有祖上传下来的几亩薄田，同时租种地主两亩水田，靠吃苦耐劳、勤俭节约尚可维持生计，然而全家被祖辈欠下的高利贷压得喘不过气来。

1927年冬的一个晚上，家人正围着灶火取暖，突然听到有人敲靠山的后门。开门一看，全家老小不禁大惊失色，原来是两个带枪的陌生人。身背驳壳枪的那位很和气地说："请放心，我不是坏人，是来找彭福九和彭寿九的。"福九和寿九是我的两位堂兄。当时我将满十岁，觉得这个人很神秘。

此后，带驳壳枪的"神秘客人"不时到我家，一来二去，我便与他混熟了。有一回我提出要看他的驳壳枪，他摸着我的脑袋问："小鬼，你几岁了，上学没有？"我壮着胆子反问："你是不是山上的土匪？"他笑着把我抱到腿上："我不是土匪，是为穷人办事的。"还开玩笑

根据地人民热烈庆祝反“围剿”胜利，前排所站即为儿童团员

说：“你要说我是‘土匪’，以后你长大了也会当这样的‘土匪’。”

后来我才知道，“神秘客人”叫刘作述，是永新早期武装斗争的领导人之一，后任红三军纵队政委，是黄公略军长非常器重的指挥员，而我的两位堂兄已是秘密中共党员，我家就是党组织的一个联络点。我在附近几个村庄当中算是个孩子头，受父兄及族中多位革命骨干的影响，表现积极，被推选为乡儿童团团长，就此应验了刘作述同志的那句戏言。

第一次参加战斗被父亲背回家

当年根据地有这样的规定：二十五岁至四十五岁的青壮年参加赤卫队，十七岁至二十四岁的青年参加少先队，八岁至十六岁的少年儿童参加儿童团（相当于现在的少先队）。

苏区的共产儿童团诞生在残酷的武装斗争当中，其基本成员是农村的苦孩子。团员们平日脖子上系一根红带子，每人一支木枪或一根“花棍”（加工过的木棍），这些“行头”都由自己家里准备，并无统一规格。我们曾要求像少先队一样配备铁头红缨枪，但苏维埃政府认为我们年龄太小，操练时容易伤及同伴，没有同意。

那时山村孩子难得上学，集体活动对我们有很大吸引力，尤其男孩子天生喜欢军事游戏，有活动时招之即来，个个踊跃。因为读过几年书，我这个儿童团长还兼任过乡政府的文书，有空时喜欢练习吹号。

第一次参加战斗是在1928年的春夏之交，袭击目标是三十里外茶陵县高陇镇的挨户团。那天晚上，父亲带着我随游击队从梅花出发，翻山越岭抵达高陇民团的土围子。战斗一打响，游击队队长便叫我吹号。第一次听到枪声，我紧张得浑身发抖，再加上走了几十里夜路很累，号怎么也吹不响。这个据点四周筑有坚固的土墙，我们只有七八支枪，没能冲进去，还牺牲了一名游击队员。

天将亮时队伍快速回撤，我困得实在走不动，是由父亲背回来的。

把睡懒觉的干部从床上拉起来

在根据地，凡是苏维埃政权可以稳定运转的乡镇，几乎所有劳动家庭的儿童都加入了儿童团，我们的活动也丰富多彩。

儿童团通过写标语、出壁报、搞文艺活动，宣传革命道理和英雄事迹，歌颂红军和苏维埃政权，鞭挞封建制度、陈规陋习和官僚作风。记得1930年湘赣“十万工农下吉安”，第九次攻打吉安城时终于取得成功。时任潞江区儿童团团长的我带着儿童团员们在路旁表演踩高跷，迎接参战队伍返乡。我们有的化妆成兴高采烈的红军战士、游击队队员，有的化妆成失魂落魄的地主老财，那热烈欢腾的场面至今历历在目。

实行义务教育，开展扫盲运动，是苏区一项强制性的政策。农村家庭不愿让女孩子外出上学，儿童团员们便逐户做工作，组织她们进识字班学习，同时也动员不识字的父母、成年的哥哥姐姐们参加夜间扫盲班。

那时候，农村吸鸦片和赌博的现象很普遍，难以根除。我们这些思想单纯、无所顾忌的儿童组成了禁烟禁赌先锋队，所向披靡，战果累累。只要一发现有吸大烟、聚众赌博者，我们立即手持木枪、花棍冲进现场，砸毁烟具、赌具，哪怕叔伯长辈在场，也一律不留情面。

破除封建迷信也是一项重要任务，只要苏维埃政府一声令下，儿童团员们见菩萨就打，见神龛就砸。有的老人警告说：“菩萨很灵，打不得，他会记住你，报复你的。”于是，我们就把脸涂黑，照打不误。晚年想起这些细节，也觉得好笑：把脸涂黑还不是怕被菩萨认出来嘛！

当年我们都会唱这样一首歌：“小朋友，大家齐动手，收集弹壳，破铜烂铁都要收，送去兵工厂，制造新弹药……”那时敌人对苏区实行严酷的经济封锁，根据地物资匮乏，每个儿童团员都有收集废金属的指标，并开展评比。一等奖是飞机，二等奖是火车，三等奖是汽车，完不成任务的则要背乌龟。当然了，这些奖品都是画出来的。记得有个孩子曾创下了当时的纪录：一次上交空弹壳六十多斤。

大约从1931年开始，儿童团和少先队都组建了“轻骑队”，任务是净化社会风气，打击官僚作风。遇到那些爱睡懒觉的干部，我们一面高喊“反懒惰”，一面拍门。有时闯进屋掀开被子，把人直接从床上拉起来。“轻骑队”发现讲排场及浪费现象，就出壁报曝光，还派人盯住饭馆，看是否有官员进去大吃大喝。

不少苏区干部领教过儿童团的铁面无私。儿童团成立之初便承担站岗放哨的任务，小伙伴们执法认真，不论陌生人还是熟人都必须出示路条或通行证，否则不予放行。干部下乡忘记带路条，常常被站岗放哨的儿童团员带到乡政府进行处理。有位巡视员在大会上号召共青团员、少先队员、儿童团员不吸烟，不喝酒；要求我们“发现一次吸烟或喝酒就出壁报公布，把人请到县儿童局进行批评”。没想到几天后我们发现他在饭馆里抽烟喝酒，于是当面质问他为什么“说话不算话”。

在战火中成长为铮铮铁汉

共产儿童团诞生于武装斗争之中，一开始就按大队、中队、小队的编制组

八路军给儿童团员讲话

彭富九（中）与原儿童团的战友在一起

儿童团编排文艺节目

彭富九

织起来，定期进行军事训练。每年全县儿童团会操一次，区每年两次，各区、乡还时常组织儿童团队列比赛。此外，共青团还请游击队队员和红军伤病员给我们讲军事知识，教刺杀、投弹这些单兵动作，带我们“打野操”（野外战术演练）。苏区儿童在战争环境中学习军事，兴趣高、记得牢，很小就树立起组织纪律观念，为参加战斗打下了基础。

根据地多为偏僻山区，交通不便，信件及消息主要靠人力逐站传递，有马也不能骑，因为目标太大。信件通常分三个等级：“急件”插一根鸡毛，“火急件”插两根鸡毛，“十万火急件”插三根鸡毛。这就是著名的“鸡毛信”。若一时找不到鸡毛，就在信封上画圆圈代替。儿童团员还利用到白区走亲戚的机会，为红军和游击队侦察敌情。有一次，儿童团员贺金姬被派到白区进行侦察，她沉着机智地通过敌方哨卡，而后用巧妙的方法探知敌人的数量和所在位置。这些情报发挥了作用，贺金姬受到湘赣军区的表扬。

土地革命时期，男儿童团员有的直接参加红军，有的先加入少先队、游击队，或担任挑夫、担架员等，而后正式编入部队。这批“红小鬼”在战争中伤亡数量大，只有部分人经过长征胜利走到延安，后来见到五星红旗在中华大地上飘扬。在共和国将军行列中，不少人曾经是当年的儿童团员。红军长征离开根据地后，留下的新老儿童团员们境遇各不相同，有些同家人一起艰难度日，有的在当地坚持斗争，很多人牺牲了，也有一些人离开了，凡是坚持下来的都是铮铮铁汉。

（本文选自《解放军报》）

自行车上的指挥部

口述／王扶之　整理／王宝国

王扶之

1941 年至 1943 年，日军对盐城、阜宁一带的我军抗日根据地进行大规模的“扫荡”。新四军三师师长兼政委黄克诚率部进行反“扫荡”。由于黄克诚眼睛高度近视，骑马行军指挥作战很不方便，于是就改乘自行车。而这个自行车的“驾驶员”，就是时任新四军三师司令部通信参谋的王扶之。

说到自行车，那还是 1939 年在河北的红子店、温塘战斗中，部队缴获的自行车。那时候，自行车是个洋玩意儿，没人会骑，王扶之很好奇，就想试着学学看。功夫不负有心人，王扶之不但很快学会了骑自行车，还可以在自行车上拿大顶，双手撒把骑和倒背着骑。

从此，部队无论向哪里开进，黄克诚师长总是以自行车代步，并经常坐在自行车上听取汇报、了解敌情、制定作战计划、指挥作战行动。这辆自行车的特殊功能被大家形象地比喻为“自行车上的指挥部”，而王扶之作为一名熟练的“驾驶员”，随时保障着这个“指挥部”转战南北。

王扶之

1943年春，新四军三师师部只带一个特务营在转移途中，于阜宁境内的芦堡外旧黄河堤附近同日军遭遇。特务营随即依托河堤与敌人展开十分激烈的战斗，并多次与日军拼起刺刀。部队伤亡较大，河堤临时防线随时有被敌人突破的危险。师指挥所就设在距河堤不足二百米的芦堡村内。特务营营长陈金保、政委黄励华请求师指挥所立即转移，可是黄克诚师长就是不肯走，他说："师指挥所一撤就会动摇军心，不能撤。"在坚持指挥了一段时间后，黄克诚师长才在同志们的强烈要求下，勉强坐上王扶之的自行车，同师指挥所的其他人员一同撤出战斗。转移途中，他坐在自行车上发布命令，调单家港附近的第八旅二十二团一个营增援特务营。就这样，黄克诚在自行车上指挥了六次大规模的反"扫荡"战斗。

1981年，时任国务院副总理的张爱萍同志到新疆检查边防建设，见到时任乌鲁木齐军区副司令员的王扶之时还深情地询问："王扶之呀，还记得你用自行车驮着黄老的事吗？那时你的自行车上可带着三师的'指挥部'啊。"

（本文选自《解放军报》）

1941年，时任新四军第三师师长的黄克诚

响堂铺伏击战侧记

供稿/邯郸市文史委员会

涉县将军岭

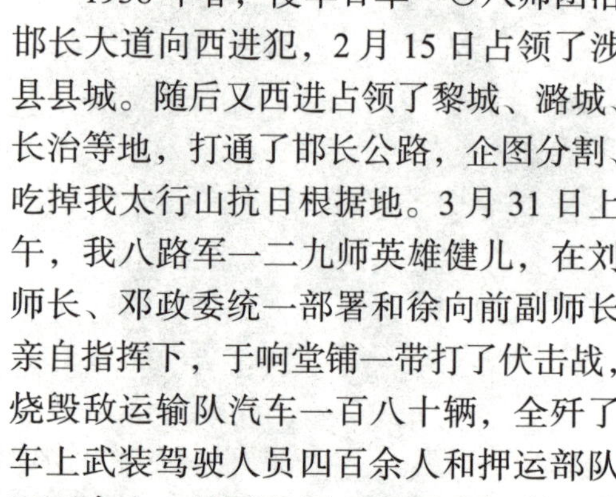

1938年春，侵华日军一〇八师团沿邯长大道向西进犯，2月15日占领了涉县县城。随后又西进占领了黎城、潞城、长治等地，打通了邯长公路，企图分割、吃掉我太行山抗日根据地。3月31日上午，我八路军一二九师英雄健儿，在刘师长、邓政委统一部署和徐向前副师长亲自指挥下，于响堂铺一带打了伏击战，烧毁敌运输队汽车一百八十辆，全歼了车上武装驾驶人员四百余人和押运部队四百余人，给了日军一个沉重打击。随后，又彻底粉碎了敌人对邯长路以西晋东南一带的九路围攻，迫使日军不得不撤出邯长一线。

日军那次占领涉县县城时，我刚满十二岁，住在南关村。家里很穷，只有我和年过五旬的母亲，一老一小相依为命。在日军进攻东阳关大部队过境时，把我家仅有的一点粮食全糟蹋光了，门窗家具也被烧掉了。从此我家一贫如洗，难以生活。我只得和本村几个穷孩子结成小伙伴，买了一畦子小葱、菠菜，每

天从南关到日军驻地走街串巷，去交换他们吃剩下来的米饭、罐头，借此维持生活。由于日军有这样的需要，对我们这些小孩子们戒备也较松。干这种营生，常有挨打受骂和被白拿白要的风险，但对日军的情况却了解了不少，使我能从敌军内部动静来描述响堂铺伏击战的一些情况。

敌阵营由平静到惊恐万状

涉县城位于邯长公路的中点，是日军补给线上的一个转运站，有大批弹药、粮食囤放在这里。日军刚占领时，还驻有重兵把守，处于临战状态。但在很长一段时间里，白天并没有战事发生，只有国民党骑兵第四师有过几次夜间攻城，也只是在城西清凉村一带，响了几阵枪，日军就枪炮齐发，盲目射击一个通宵。这显然是引诱日军消耗弹药的佯攻战术。这样重复攻城几次以后，日军也就不当回事了。但日军还是觉得不够安宁，曾有大队人马到上河一带戍边，但没有碰上我方军队。从此，夜间攻城也没有了。

可能是由于较长时间没出什么事，使日军麻痹大意了。在响堂铺伏击战发生的前几天，县城的日军撤走不少，留驻县城的只剩两百多名警备部队和驻北关的一百多名兵站留守部队。以前，北关还常驻有炮兵，总有三门到五门大炮排放在村子外边。即使没有战事发生，隔几天，也要用大炮向周围山头上轰击一阵，以炫耀武力。

3 月 31 日那天，天气晴朗，风平气暖。我和往常一样，一早起来就和小伙伴们到城里北关的日军驻地去交换食品。沿途看到日军是一派轻松欢乐、戒备松弛的情景。

几天前，日军在城里大街西侧路旁砌起了二十多个大灶，把从老乡家搜掠的大缸像架锅一样支在炉灶上烧水洗澡。当我们走过这里时，他们早已胁迫老乡们挑水烧火，把缸里水烧热了。已有二三十个日本兵像禽兽一样在大街上脱光了衣服，轮替着进缸洗澡。老乡们还在继续挑水、烧火，不断给他们换水。

北关狮子巷外边是土地最肥沃的枕头地，全被日军开辟为兵站的停车场。这里可容纳三百辆汽车，过往车队常在这里落脚。两天前，有二百来辆汽车从邯郸开来，停留了一夜，开往长治去了。这样的车队，每隔三五天就要过往一次。这天停车场上空荡荡的，只有五辆维修用的工具大篷车停在东北角。车上传出发电机转动的嗡嗡声。有几个日本兵身着军式工作服，一手拿着遮光面罩，一手拿着焊枪，在焊接什么。耀眼的弧光刺得我闭眼难睁。停车场的中央堆放着大批军用物资，中间是弹药箱，外层围放着罐头箱和大米包，堆放得像一座小山。停车场靠西边的边沿，有挖好的战壕和机枪掩体却都空着。整个停车场上没有一个守卫的日军。

在上午 10 时左右，从停车场东边的院子里走出三个日本兵，拿着望远镜向周围原野作例行观察。当他们把镜头转向河南店和沿头村之间的小山上时，露出了紧张的神色。接着又把视线移向了椿树岭一带。然后有个日本兵说了一句，就慌忙跑进院子里去报告。我们听出来他说的是“八路军多多的”意思，这引起了我们的注意。

我们抬头向那座小山上细细一看，见到隐隐约约有人影在挪动。这种情况若在日军手里有大炮的时候，他们必然要进行炮轰，但现在却一筹莫展了。当我们向西南方远望时，只见响堂铺山沟里飞尘蔽天。一望无际的飞尘向神头村延伸，后边拖长的尾巴看不到边。这分明是从东阳关下来的汽车队在干燥的黄土公路上荡起的灰尘。

“快打仗了，咱们赶快回去吧！”一个小伙伴说了这么一句，大家就不约而同地回头向南关跑。刚进入北门，听到西南方传来了“叭！叭！”两声清脆的枪响，接着就是密集的机枪声、步枪声和手榴弹的爆炸声响了起来。

城里大街上，日本兵正在轮替着洗澡。这突如其来的枪声使他们马上从澡缸里跳了出来，顾不上擦身上的水就急着穿衣服。

当我们走到石牌坊北侧的警备司令部门前时，只见从院子里跑出一个日军头目，吹着紧急集合的哨子。接着走出一个当官的，身着黄绿色的军官服，挎着东洋刀，跟着几个随队，这大约就是警备司令。他打了一个手势，指定了集合地点。从街上和农户家跑出来的日军，都在指定地点列队集合了。刚从澡缸里跳出来的日本兵大多数没有穿好衣服。他们都一手挎枪，一手夹着未穿上的衣服、皮带、子弹盒，站在队伍中。当官的也顾不上让他们穿衣服，那吹哨子的头目急忙用日语喊叫：“立正！报数，稍息……”未穿好衣服的日军只按口令行动，谁也不敢穿衣服。列队的日军丑态百出，一派狼狈相。

这时，从城隍庙前开过四辆卡车，停在队伍南边。当官的一声令下，日军都纷纷上汽车，没有穿好衣服的上车后慌忙穿好衣服。这就是从涉县县城开赴战场的增援部队。

小伙伴们都加快了脚步，大家意识到必须赶到汽车前头出南门，唯恐汽车出南门后日军关城门，把我们关在城内。我们刚跨出南门，汽车就紧跟着开出去了。守门的两个日本兵赶紧把顺放在城门外路边的铁丝网架横挪过来，堵上了城门洞，又进城关上了城门。这时城内只剩下南、北门站岗的和城墙上正常巡逻的八个日本兵在城墙上守城。出城增援的日军刚跨过河南店就被守在椿树岭一带的八路军阻击部队拦截。这里离南关只有两公里路，日军曾发起多次冲击，但都未能冲破我军的阻击线。这使响堂铺山沟里的日军和汽车队成了瓮中之鳖。

在南关村外观看战场情况

当回到南关时，我们看到乡亲们都拥向了村子南边和西边的巷子口，我也随之到西口去看热闹。只见响堂铺山沟里汽车队荡起的尘土已经消失，随之而来的是硝烟弥漫、战火纷飞。这表明敌汽车队已被我八路军拦截住了。

响堂铺这一带，敌我双方展开激战这已是第二次。前一次是日军攻打东阳关。那时，日军吹嘘要在一天之内攻占东阳关，但遇到了国民党四十七军一个师的奋勇抵抗，使日军攻打了三天未能攻上去。最后日军采取迂回战术，切断了四十七军的后路，才占领了东阳关。这次是我八路军采取了攻势，日军处于守势。乡亲们亲眼看到前去增援的日军那种惊慌失措的狼狈相。守城的日军已龟缩在城内不敢出来。南关一时成了自由天地，人们可以毫无顾忌地站在村外，观赏战场上的风云变化，心里都是乐滋滋的。

这时，战场上传来的枪炮声异常激烈，但和日军攻打东阳关时的情景大有不同。那次是日军的大炮像发了疯似的

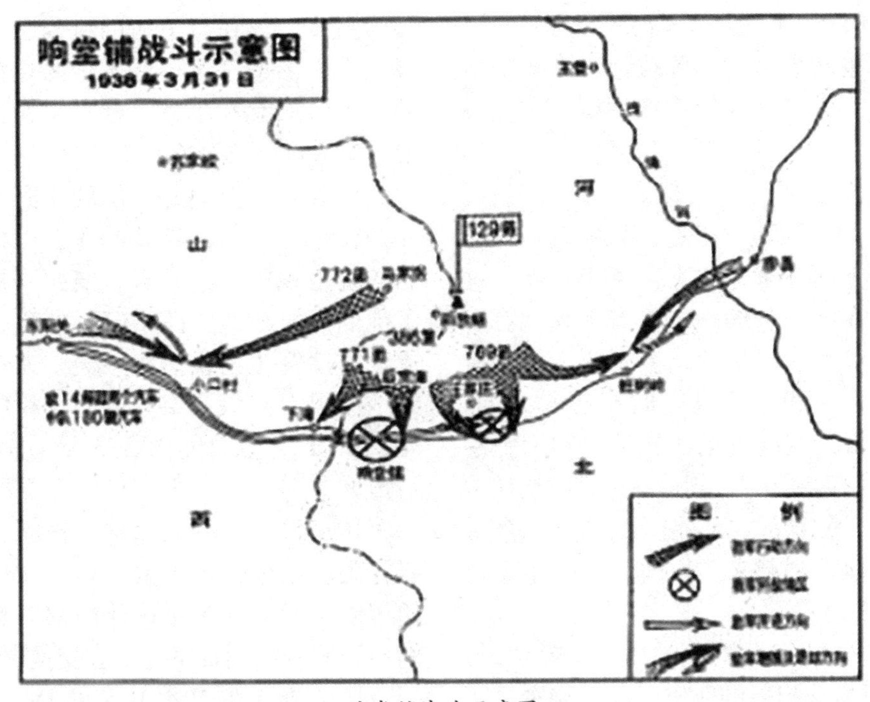

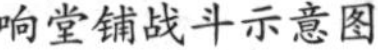
响堂铺战斗示意图

连珠发射，重型大炮的轰鸣压住了枪声。这次是密集的机枪声、步枪声压住了炮声。那次的战斗再激烈，也能将此起彼伏的机枪“嗒嗒”声和杂乱无章的步枪声分辨得一清二楚。这次是机枪声、步枪声连成一片，犹如狂风呼啸，使人无法分辨出哪是个枪声，哪是个炮声。在枪声中，虽也夹杂着一些炮声，但不是重型大炮，充其量也只是迫击炮和掷弹筒。

这样的激烈战斗持续了一个多小时。然后突然响起了密集的手榴弹爆炸声。这响声好似万人擂鼓，震得整个山谷天崩地裂。不一会儿，响堂铺山沟里升起滚滚浓烟，好似盛夏暴雨来临前从山后升起的云层，犹如黑夜来临。烟云在空中弥漫，遮住了漳河南岸的半边天。

乡亲们抑制不住内心的喜悦，都异口同声地欢呼“点着了！点着了”，跑回村子奔走相告。

半个小时之后，升起的烟云渐渐变白，太阳从白色烟云中透露出来，就像血染了一般。这种情景，使人联想到敌军已尸骨遍野，血流成河。后来战场上的枪声和手榴弹爆炸声都已稀落下来。这表明伏击敌人汽车队的战斗已大功告成，只有残余敌人还在顽抗。到吃中午饭的时候，战场上已完全安静下来，这表明战斗已全部结束。在白色烟云之下出现了缕缕青烟，成为排列整齐的一个个烟柱。忽然有人喊：“快数呀！一股青烟就是一辆汽车！”我急忙用手指点着烟柱，从东向西一个一个地数下去。可惜数到一百多辆时，因西边山越来越高，挡住了烟柱，使我无法数完。

就在这个时候，从东边飞来一架双翼飞机，像吊丧似的在响堂铺一带低空盘旋一阵，然后飞到涉县县城上空，向守城敌军投下一个大信封，向北飞去。到下午3时左右，三架一队的编队飞机，从东南方向飞来，共飞来了十二架。这些飞机在同一个编队中，有平翼，有双翼，有一个发动机的，也有两个发动机的。可以看出，这是临时拼凑起来的。这些飞机，在响堂铺作战地点和周围一带俯冲扫射和狂轰滥炸。也不知是炸弹震动空气的缘故，还是天然巧合，西南风呼呼地大刮起来，炸弹炸起的尘烟很快被风刮散。

后来，听宽漳和神头村的老乡说："在飞机轰炸扫射的时候，我八路军早已撤离到战场十公里以外了。从涉县城出去增援的日军，在我阻击部队撤离后继续向响堂铺行进。飞机来时，他们刚小心翼翼地行进到响堂铺与神头村之间。当他们看到是自己的飞机来了就打旗号联络。但不知是什么原因，飞机却把他们当作轰炸扫射的目标，使这些日军不得不转入防空躲避。躲避不及的，有的受伤，有的送了命。"这成了乡亲们的笑柄。

敌人的报复和沮丧

当天傍晚，当太阳离山一竿高的时候，从邯郸开来一百多辆汽车，满载着全副武装的日军，驻扎在北关停车场。其中有十几辆汽车没顾上休息就由一辆装甲车领头，满载日军，开往响堂铺作战地点。他们在那里观察了一下，天色已晚就匆匆开回去。

第二天一早，日军大队人马开赴宽漳、杨家山一带，大肆屠杀平民百姓，以示报复。仅在宽漳村的村公所院里就有几十人惨遭杀害。有不少躲在窑洞里的老人、妇女和小孩，被日军在窑洞口架起柴火活活烧死在窑洞中。

涉县县城西边是广阔的田野，成行的柳树早已被日军砍伐净光，以扩展他们的防卫视野。这几天，城西一带也成了他们的警戒线。路上只要有人走，就遭到日军开枪射击。头一天，就有城里的一家男女三口和南关的两个村民被打死。从此，七八天内无人敢在这一带行走。

几天来，日军像疯狗一样动不动就要打人。给他们当差的乡亲，无故挨打的很多。我们几个小伙伴们都得到长辈们的告诫，不到日军驻地去交换食品。

从邯郸大批日军开来的第二天起，每天都有汽车队到响堂铺一带去打扫战场，连续去了三天才把日军的尸体拉完。看样子他们在辨认尸体的姓名和军职上遇到了困难。因为多数尸体已被烧得面目全非，军衣上的有关标记也荡然无存。每天去打扫战场的车队开回来，总有三辆至五辆汽车满载尸体。上边绷盖着雨布，下边鲜血还在滴，车轮上的弹簧弓被压得低沉沉的，上坡时汽车发出"哼哼"的超载响声。拉尸体的车，有的直接开往邯郸，有的就在北关停车场卸车，就地火化。涉县汉奸维持会接到日军警备司令部命令，要速备五十万公斤劈柴和五百个骨灰盒，供火化之用。从一切迹象表明，被歼灭的敌人还不止我军文献中记载的四百八十人、烧毁汽车一百八十辆。因日军撤退后还有存留在响堂铺一带的不少汽车残骸。被打死的日军运到涉县城火化时就准备了五百个骨灰盒。从当时我们经常看到的过往日

1938年3月，八路军第一二九师在响堂铺伏击战中缴获的日军汽车

军车队的兵员配备情况是：每车驾驶室有两名或三名的占一半，仅这一项就约有四百五十人，每隔十来辆车就有一辆车满载押运部队，这得有四百多人。在这次伏击战中，宽漳乡亲们看到，除活捉了两名日本兵外，其他汽车队里的敌军被全部打死。

北关停车场西边的一块地，被日军作为临时火化场。这一带戒备森严，老百姓不能靠近，但冒出来的难闻气味在南关都能闻到。整整火化了三天，才把尸体烧完。

友军的“配合”和“误会”

在响堂铺战斗打响的时候，南关乡亲们看到滩里村和清凉村一带有国民党骑兵第四师的队伍，正向城西附近行动。他们先是弯着腰，提着枪，顺渠沟、河堰行进。当他们从小河堰爬上来的时候，改为匍匐前进。不一会，城西离城墙二三百米的渠沟、堰边、粪土堆上都爬满了骑四师的部队。他们的枪口对准城墙，形成兵临城下，大有一触即发之势。城墙上的几个日本兵，眼看着他们的行动并没有开枪。

乡亲们认为，从骑四师以往和日军作战情况看，还从来没如此勇敢过。现在他们一定是和八路军配合，趁日军城里空虚来攻县城的。乡亲们的情绪一时沸腾起来，对骑四师过去打仗油滑不实的看法也随之一扫而光。又因为一个多月来未见到我方军队，突然见到他们，感到特别亲切。人群中有的向他们招手致意，有的举起两臂作鼓掌的手势，表示欢迎。没有料到，从他们阵地上突然响了两枪，子弹嗖嗖从我们头上飞过，打在背后的土坯墙上，冒起了两股尘烟，吓得大家慌忙退缩到巷子里。

“怎么不向城墙上的日本人开枪，

却向我们开枪！”有人愤怒地说。

“他们把我们当成了汉奸，这是一个误会。”大家都在为他们开脱。因他们没有继续开枪，乡亲们又陆续走出巷子口，除观看响堂铺战场外，也看他们的行动。但是，当响堂铺战场已冒起黑烟，敌人汽车已被点着的时候，骑四师仍无开火行动。乡亲们有些着急了，又开始议论起来：

“日军不敢先开枪，是看到骑四师人多势众，骑四师不开火，是不知道城里只有八个日本兵。这真是‘麻秆打狼两害怕’。”

“现在攻城，一攻就破，等到邯郸大部队开来那就攻不成了。”

“现在攻开城，把北关汽车场屯放的弹药、粮食拿走，就发了大财。失掉这个机会，太可惜了。”

“最好有人给他们报了信，告诉他们城里只有八个日本兵，马上攻城正是机会。”

大家边议论边在寻找去报信的人。

这时，从人群中走出一个年轻人，他姓崔，比我大五岁。他说：“我正要到赤岸村亲戚家有事，我顺便给他们报个信吧。”姓崔的在乡亲们的托付下，跳下村南的漳河堰，顺小河绕到城西骑四师的阵地。

骑四师的士兵看到南关有人过来，就把他带到一个当官的面前，当官的对他盘问起来：

“你是干什么的？”

“我是南关村老百姓，乡亲们让我来报信的。现在城里只有八个日本兵守城，要攻城就快攻，这正是好机会。”

“看你对打仗倒很精通，你是南关人，怎么知道城里只有八个日本兵？”

“我……啊！南关的人都是这么说的。”姓崔的答不出这个消息的确切来源。原来，城里的日军情况是我们几个小伙伴在城里见到的，回到南关告诉了乡亲们，这个消息就在大家中间传开了。这一点姓崔的并不清楚。

“你是汉奸，来欺骗我们，想让我们上当。”当官的翻了脸，并让两个士兵把姓崔的往索堡镇押送，交给后方审问。

姓崔的带着懊悔的心情走在前边，两个士兵跟着。经过滩里村向索堡镇方向走去。他想：把我当成了汉奸，一定会把我枪毙掉，我得设法跑掉。他边走边想着，准备寻机会逃跑。两个跟着的士兵看姓崔的像个老实人，放松了警惕，双方的距离逐渐拉开。当他们走到赤岸村时，姓崔的突然钻进一个小胡同，跳过一家被日军烧毁的断墙残壁向村外跑了。这两个士兵因地形不熟，也就没有追赶，只得返回前沿阵地去报告。

骑四师和守城的日军一直对峙到下午，始终未交火。直到一百多辆满载日军的汽车从邯郸开来，他们觉得情况不妙，才爬起来撤退跑掉。到晚上人们入睡以前，骑四师又和往常一样在清凉村一带响起了枪声，使日军盲目射击一个通宵，算是完成了作战任务。可惜的是，他们对乡亲们的爱国之心产生了误会，因而错过了战机。

（本文选自邯郸市政协信息网）

那些鲜为人知的中共一大故事

供稿 /《包头晚报》

马　林

据参加过中共一大会议的毛泽东回忆：1921年夏天，天气很热，大概7月他在上海开了一个重要的会。这就是中共一大，一个里程碑式的会议。

一大曲折中开幕

马林是荷兰人，1883年出生，原名亨德立克·斯内夫利特，从事秘密工作时还用过许多化名。他于1900年参加荷兰铁路工人运动，1902年加入荷兰社会民主党（共产党），1914年前往荷兰殖民地爪哇（今印度尼西亚），创建印尼共产党，1918年被当局驱逐出境。1920年7月，马林作为印尼共产党的代表到莫斯科出席共产国际二大，并当选为共产国际执行委员和民族殖民地问题委员会书记，同年8月被委任为共产国际驻中国代表。

1921年6月3日，马林乘意大利"阿切拉"号轮船抵达上海，以记者身份下榻永安公司楼内的大东旅社32号房间。

不久，富有秘密工作经验的马林很快就与共产国际远东书记处代表尼克尔斯基、上海共产党代理书记李达和李汉俊建立了联系，并多次在永安楼顶花园、大世界等地会晤。李达和李汉俊向马林介绍了中国建党的筹备工作以及各地的组织状况，马林认为建立中国共产党的条件已经成熟，建议及早召开全国代表大会，宣告党的正式成立。李达在征得陈独秀和李大钊同意后，向各地发出信件，要求每个地区派出两名代表来上海出席中共一大。

中共一大原来预定6月20日召开，因代表们大多是教师、学生，暑期才能到会，加上交通不便，也延误了一些时间，直到7月23日各地代表才全部齐聚上海。他们大多住宿在事先联系好的博文女校。

7月23日晚8时，中国共产党第一次全国代表大会在上海望志路106号（今兴业路76号）正式开幕，共产国际代表马林、尼克尔斯基也出席了会议。

望志路地处法国租界，属于法租界巡捕房管辖范围，后来引发了搜查事端。

马林和尼克尔斯基在会上热情致词，由李汉俊、刘仁静即席翻译。马林首先指出：中国共产党的正式成立，具有重大的世界意义，第三国际增添了一个东方支部，苏俄布尔什维克增添了一个东方战友，希望中国同志努力工作，接受第三国际的指导，为全世界无产者联合起来作出自己的应有贡献。尼克尔斯基也在会上讲了话。他对中国共产党的成立表示祝贺，并介绍了赤色职工国际和共产国际远东局的情况，建议中国共产党将代表大会的进程及时报告远东局。

在开幕会议上，代表们具体商讨了大会议程和任务，一致确定先由各地代表向大会报告各地区的工作，然后讨论和通过党的纲领，制定今后实际工作计划，最后选举党的中央领导机构。7月24日，代表大会举行了第二次会议，由各地代表向大会报告本地区党团组织的情况。7月25日、26日，休会两天，用于起草会议文件。代表大会召开以前，虽然进行了一些酝酿准备，但由于人员分散，时间仓促，未能事先起草好供代表们讨论的会议文件。根据马林的建议，决定由张国焘、董必武、李达等人组成起草委员会，用两天时间起草党的纲领和今后实际工作计划。

7月27日、28日和29日，这三天分别举行了三次会议。在这几次会议上，代表们集中精力对起草委员会提供的《中国共产党的第一个纲领》展开了认真详尽的讨论。大家各抒己见，互相商讨，既有统一的认识，又有激烈的争论。

7月30日晚，代表大会举行了第六次会议。按原定计划在这次会议上先由国际代表讲话，对中共建党的一系列问题发表意见，然后再讨论通过《中国共产党的第一个纲领》和《中国共产党的第一个决议》。晚上8时多，会议刚开始不久，一个身穿灰色长衫的中年男子突然闯入李汉俊的住宅。这个陌生人的突然出现，引起了大家的警觉。马林有长期秘密工作的经历，警惕性很高，在询问了情况以后，机警地说这个人一定是“包打听”（密探），并建议会议立即停止，大家赶快分头离开此地，只留下李汉俊、陈公博两人。

沉着应付法国巡捕

十几分钟以后，法租界巡捕房派出的两辆警车在望志路口停下，车上冲出十多人包围了李汉俊的住宅。三名法国警官带着四个中国密探进入了室内，他们首先监视了李汉俊、陈公博的行动，接着进行了搜查。这些巡捕除了查到一些介绍和宣传社会主义的书籍外，并没有发现什么有价值的文件。室内桌子抽屉里放着的一张党纲草案，因为涂改很乱，字迹不清，搜查中幸未引起巡捕的注意。

中共一大上海旧址

法国警官在搜查后开始审问，先问明谁是这所房子的主人，李汉俊用法语作了回答。警官问："这里在开什么会？"李汉俊沉着地说："我这里并没有开会，而是我们邀请北京大学的几位教授和学生，在此商谈编辑《新时代丛刊的》的问题。"警官又问："两个外国人来这里干什么，为什么家里藏有社会主义书籍？"李汉俊："那两位是英国人，北大的外籍教授，暑假来上海交流学术。至于这些书籍，因为我是教师并兼任商务印书馆翻译，必须有大量图书作为研究参考之用。"法租界巡捕房当时并不知道这里在召开中共一大，只是接到使馆和租界的通报，得知共产国际派人到了上海，可能在开一个东亚地区革命团体的会议。法国警官观察陈公博穿着整齐，语言和情态不像是本地人，怀疑他是日本革命分子，于是开始用法语问陈公博是不是日本人。

陈公博说："我是广东法专的教授，这次暑假是来上海会朋友的。"法国警官一行在搜查中未发现政治活动的证据，又得知此处是李汉俊的哥哥（曾任北京政府陆军总长的李书城将军）的公馆，紧张的气氛开始有所缓和。

法租界巡捕房这批不速之客在撤出时还发了一通议论，以带有警告的口气对李汉俊说："知道你们都是知识分子，大概有某种政治企图。现在中国教育尚未普及，民众也没有知识，谈不到什么革命举动，希望你们今后在教育上多下功夫，不要参与政治活动。"随后，法国警官带着搜查的密探离开了这所住宅，布下暗探，继续监视。

安全转移至嘉兴南湖

搜查事件结束后，陈公博走出李汉俊家门后，倏见一个人隐身在弄口，似乎在侦察。他向前走了几步，那人居然跟踪而来，并故意保持几步距离，亦快亦慢，步步紧跟。陈公博心里明白，暂时不能回大东旅馆。恰巧路边有一家商店，还灯火辉煌陈列着许多商品，陈就装作看商品，一面思量怎样脱身。灵机一动，记得去年由北京转沪回粤，在上海曾逛过一次大世界。大世界在夏天有两场电影，光线较暗，容易脱身。

陈公博主意既定，立刻叫了一辆黄包车前往大世界，谁知那人也雇了黄包车跟在后头。为了脱身，陈公博到大世界后什么地方都逛一逛，书场、戏场，又踱至屋顶的露天电影院，在人丛中绕了一圈，终于摆脱了跟踪的密探，从别门下楼雇车回到大东旅馆。

当晚 12 时左右，多数代表集中在老渔阳里二号（李达的住处），商讨下一步代表大会如何进行的问题。大家一致认为，必须改变开会地点。这时，有人提出转移到杭州，但大家觉得杭州过于繁华，易暴露，不合适。在场的李达夫人王会悟提议，可以转移到她的家乡——浙江嘉兴。嘉兴的南湖游人不多，环境幽静，而且距离上海又不远，到南湖开会比去杭州更为适宜。这个意见立即被代表们所采纳，并且决定第二天就去嘉兴南湖继续开会。当晚还做了转移的准备，王会悟专程去上海北站，了解第二天由上海开往嘉兴的客车班次时间。其他代表也分别做了必要的准备。

次日晨，代表们分成两批乘车南行。国际代表马林和尼克尔斯基，因过于引人注目，行动不便，未去嘉兴出席会议。陈公博则由于在李汉俊家受了一场虚惊，加上次日黎明他所在的大东旅馆又发生了孔阿琴被杀案件，一夜之间先后发生的两起突发事件，吓得陈公博夫妇不敢再在上海停留，当日即乘车避走杭州。

上午 10 时左右，代表们先后到达嘉兴车站。王会悟在南湖附近的鸳湖旅馆定下两间客房，又委托旅馆账房代租了一艘画舫。第一批代表到嘉兴后，先在鸳湖旅馆稍事休息。王会悟还带着几个人登上南湖名胜烟雨楼，借以观察周围环境，选择画舫划行路线和停靠地点。第二批代表到达以后，大家一起来到湖畔，通过摆渡的小船，登上了事先租定的画舫。

南湖画舫开启伟大航程

为了会议的安全，代表们带着乐器和麻将牌，并在中舱的桌面上备有酒菜，以游山玩水作为掩护。王会悟也装扮成歌女模样，坐在船头遥望，充当会议的“哨兵”。

这次会议继续上海 7 月 30 日未能进行的议程，首先讨论和通过《中国共产党的第一个纲领》和《中国共产党的第一个决议》。并着重讨论了党的今后工作部署问题，比较具体地研究和安排了以工人运动为中心的各项实际工作，并将讨论结果形成党的决议。

最后，代表大会选举产生了中国共产党的中央领导机构。由于当时党员数量少，地方组织也不健全，会议根据纲领的有关条文规定，暂不成立中央委员会，先建立临时的中央领导机构中央局。会议通过选举，选出陈独秀、李达、张国焘三人组成中央局。这是中共中央第一个全国性的领导机构。党的一大完成了预定的议程，宣告结束，中国共产党由此为起点开始了伟大的航程。

南湖画舫

回忆我的父亲滕代远

文/滕　飞

滕代远

我的父亲滕代远，是一位大革命时期参加中国共产党的老同志。在儿女的心目中，他是一位慈爱的好父亲，更是一位身体力行、循循善诱，培育我们树立共产主义信念的引路人。他逝世后，没有给我们留下任何物质遗产，留给我们的却是一笔弥足珍贵、用之不竭的精神财富——一位老红军战士、老共产党员顶天立地的革命气节和一份视人民为衣食父母的公仆情怀。

知识青年要和工农兵相结合

1923 年，我父亲考入位于常德的湖南省立第二师范学校。1924 年 6 月，他在中共湘区区委委员陈佑魁的领导下，组织进步学生成立了“麻阳新民社”，创办了传播新文化、新思想的刊物《锦江潮》，积极宣传马列主义思想。他撰写发表了《中国的现状》《读书为什么》等一批进步文章，痛斥帝国主义对中国的侵略，指出只有社会主义才能救中国。同年10月，他参加了中国社会主义青年团，由于表现积极，次年10月转入中国共产党。从此，他将自己的一生完完全全贡献给伟大的共产主义事业。

少不更事的时候，我曾好奇地问父亲：“您在学校读书，成绩优秀，为什么还被学校开除？为什么书没读完就去搞农民运动？”父亲说：“被学校开除，是因为学校当局被国民党右派分子把持，我们组织群众反对国民党右派破坏大革命运动，当然会被他们视为眼中钉、肉中刺。我们参加革命，就是要推翻一切不平等、不民主的社会制度。让‘耕者有其田’，让中国的老百姓当家做主。”这正是父亲投身革命的初衷。在湖南二师读书期间，他一边做学生的工作，一边做工人和常德近郊农民的发动工作。不久，他受湖南省委的指派，去长沙、平江、浏阳、醴陵等地从事农民运动，成为湖南农民协会委员长，从此走上了职业革命家的人生道路。我父亲是以一个知识青年的身份投入工农解放运动的，他一直认为：知识青年如果不和广大的工农兵相结合，必将一事无成。缘此动机，20世纪60年代起，他陆续将四个儿子送到与工农兵相结合的广阔天地去锻炼成长。1962年，在蒋介石叫嚣“反攻大陆”时，他就让正在北京第二十五中学读高中二年级的大儿子滕久光应征入伍，去海防前线服役。1965年，他又让二儿子滕久明报考人民解放军军事工程学院（简称哈军工），献身于国防事业。1968年，他又坚定地支持三儿子滕飞应征入伍，到祖国西北献身于核武器研发事业。这一年年底，他又将最小的儿子滕久昕送往内蒙古大草原插队当牧民。

好钢必须经过千锤百炼

在漫长的战争年代，父亲身体力行归结出一条真理——好钢必须经过千锤百炼地锻造，如此才能去除污垢和杂质。因此，他对于和平年代成长起来的我们，要求都特别严格。

大哥滕久光在海军航空兵服役时，父亲在家书中要求他戒除干部子弟优越感，以工农子弟为学习榜样，吃苦耐劳，悉心掌握过硬的军事技术。对久光的个人生活，父亲要求他晚一些谈婚论嫁，把精力都放到工作和事业上。对其他几个儿子，同样如此。起初，我们并不了解父亲的良苦用心，还在私下里偷偷埋怨：“现在又不是战争年代，干吗那么晚结婚？”但是，又不能违背父亲的规定，我们弟兄几个都是三十岁以后才结的婚，我则是三十五岁结的婚。今天，我们才深深感到父亲对我们的要求一点也不过分，他是为我们的长远而考虑的。

父亲特别注重用我党我军的光荣革命传统来教育和影响我们的价值观，这个过程在我们刚刚懂事的时候就已经开始。在我上初中时，父亲曾带我参观军事博物馆“雷锋事迹内部预展”，在参观时他要我好好想一想：雷锋为什么那样爱学习？雷锋为什么对人民群众一往情深？毛泽东主席为何号召“向雷锋同志学习”？20世纪60年代初期，经济困难，工资级别为四级（副总理、大将级别）的父亲主动写报告给毛主席、党中央，要求降低自己的工资级别，与全国人民同甘苦、共患难。那个年代，妈妈虽然也是1935年参加革命的老红军，工资级别为行政十级的厅局级干部，但是和我们一样，她也不能享受父亲的伙食标准。国家保障父亲的主食是细粮——

滕代远和妻子林一

大米，尽管我们是一日三顿和父亲共同进餐，但是妈妈和我们的主食是以粗粮为主。而且，即便是玉米面窝头，也不全是玉米面，必须掺进很多菜叶才能吃饱饭。我当时十二三岁，正是男孩子猛长身体的发育时期，所以饭量特别大，当时留给我的印象就是——什么时候能吃上不要掺菜叶的玉米面窝窝头就是幸福。父亲经常也来吃我们的窝窝头，把他的大米饭让给孩子们吃。父亲说："战争年代我们吃窝窝头，那还算是后勤保障不那么艰苦的时候。挖野菜、吃树叶，那才是家常便饭。"我和弟弟年龄虽小，也不会去动父亲的那一小碗白米饭。因为我们知道，那是党和国家给父亲的，父亲还要担负很重要的工作任务。我们弟兄四个，从来都是哥哥的衣服小了，留给弟弟穿。当我穿着打补丁的旧衣服时，我感到的是自豪和骄傲，因为我虽然没有成长在战争年代，但是父辈艰苦奋斗的光荣传统在我身上得以体现。从我上小学起，凡是填报个人档案资料，在家庭出身一栏，父亲规定我只能填写"职员"。父亲说："从国家主席到总理，从部长、省委书记到科长都是为国家、为人民服务的工作人员，也就是职员。你们不要有任何特殊感，工人、农民的孩子和你们一个样，甚至许多地方比你们还强，你们要好好向工农子弟学习。"

1968 年 2 月，父亲送我入伍时，亲自教我打背包，并郑重地将一本毛泽东著作和一本《雷锋日记》放进我的军用挎包，叮嘱要求我以雷锋为榜样，做一名毛主席的好战士。

我当兵来到了祖国的大西北，虽然从军前已经做好艰苦奋斗的思想准备，但是一下子从繁华的首都来到那一眼望不到边的戈壁滩，整天喝着苦涩的地表水，漫天风沙见不到绿色。这巨大的反差，还是让我在家书中流露出茫然失措的情绪。父亲敏锐地察觉到我遇到了新的考验，他马上给我回了一封信。信中，用"金张掖，银酒泉"的古话教育我从另外一个角度来看待祖国的大西北。父亲曾多次向我讲述过他对这块热土的深厚感情，1937 年 5 月 1 日，按照党中央命令，父亲曾和陈云从莫斯科赶赴这里援接中国工农红军西路军左支队。

难忘的新疆工作经历

在父亲的革命生涯中，新疆的战斗经历占了一个重要位置。1935 年底，党中央和共产国际的通信联络突然中断。为了与共产国际保持联系，取得国际支援，党中央派邓发到新疆迪化（今乌鲁木齐）。但是 6 月 27 日邓发到达张掖后，就与党中央失去了联系。后来才知道邓发化装由安西到了迪化。父亲由苏联秘密赴新疆，去接应邓发。在苏联红军帮助下，他越过中苏边境，然后由一位维吾尔族老人赶马车送到塔城，在塔城和苏联领事打了招呼，就坐长途汽车到了迪化。父亲找到事先联系好的新疆民政厅长，住在他家里。经过多方面打听寻找，后来打听到邓发的下落，父亲终于

滕代远与儿子滕久明在广东从化合影

武汉長江大桥的建成，是我國社會主義建設的又一次光輝勝利。是世界桥樑科學上的一面鮮艳的红旗。

滕代遠

一九五八年十月一日

1956年，滕代远为武汉长江大桥题词

1949年12月7日，护送毛泽东访苏人员在山海关车站留影。左起：李克农、李富春、滕代远、毛岸英、伍修权、陈伯达

和邓发在迪化见了面。父亲返回莫斯科后，党中央又命令陈云和他分别担任团长与副团长，带领中共代表团再次赴新疆接应红军西路军。在中共代表团离开莫斯科前，共产国际领导人季米特洛夫宴请他们，并询问他们有什么困难和要求？父亲提出，西路军进新疆后，缺少武器弹药。于是，季米特洛夫通过苏共中央答应送他们九十门大炮。西路军在甘肃河西走廊梨园口惨遭失败后，党中央通知西路军左支队余部向新疆转移，党中央已派陈云和父亲前去接应他们。经苏联的斡旋，1937 年 3 月，新疆边防督办盛世才对边务处交代："共产党有一部分军队在甘肃被国民党打散了，新疆省政府同意接应他们，现在已派王效典为全权代表前往星星峡做接应工作。"但是，驻哈密的警备司令尧乐博斯企图在中途阻击，盛世才要边防处安排部队消灭他。4 月下旬，边防处星星峡办事分处发回电报："红军已到星星峡，人数只有三四百。"这时已到迪化的陈云和父亲，还有一个苏联顾问等人于 4 月 28 日，乘坐由盛世才提供的汽车，满载着武器、服装和食品，以及一个营的武装部队，启程向星星峡开进。这天适逢春雪，冷峻的天空，雪花划破凝重。浩浩荡荡的车队鱼贯而行，在雨雪中颠簸前进。车队当天到达吐鲁番县城，第二天继续前进，到达七角井。途中，车队的警卫部队与尧乐博斯的骑兵发生激烈交火，尧乐博斯匪徒被击退。后来，他们来到星星峡以后，只见二三十座碉堡挺立山顶，俯视峡口。王效典领着两个人走进教导大队队长宫自宽住的小屋，介绍说："这是中共中央代表施平（陈云的化名）和李广（父亲的化名）！"又向二人介绍说："这是宫大队长。"宫自宽命令警卫部队将从省里带来的衣服、米面、饼干、罐头以及日用品分发给红军西路军左支队指战员。陈云和父亲与早已等候在那里的西路军李卓然、李先念、程世才、李天焕、郭天民、黄火青、宋侃夫、王子纲等人热烈拥抱。继陈云讲话后，父亲高声对大家说："我们是代表党中央、毛主席来迎接大伙的。同志们，你们辛苦了、受罪了。现在你们回到自己家里了。"当他和西路军总部作战科科长吕黎平握手时，站在一旁的李卓然介绍了小吕。父亲松开手后退一步，上下端详着吕黎平说："吕继熙？你不是吕继熙吗？"原来，吕黎平本名叫吕继熙，在父亲担任中革军委总动员武装部长时，吕黎平在军委作战科，他们经常接触很熟悉。父亲再一次紧紧搂住了吕黎平说："小吕，你受苦了，你们都受苦了。"

在星星峡召开的五一节纪念大会上，陈云和父亲代表党中央亲切地慰问了西路军左支队的同志们。5 月 1 日下午，西路军左支队四百余将士在陈云带领下，乘车向迪化驶去。5 月 7 日傍晚，车队进入迪化西南十余公里的红雁池，而后，西路军将士们住进了新落成的纺织厂工人宿舍。两天后，盛世才在督办公署东花园贵宾室秘密会见了陈云和父亲以及西路军的主要领导人。7 月底，西路军的将士们从驻地迁移到东门外的营房里（今五星路）。经陈云和父亲研究决定，将西路军左支队整编为红军西路军总支队，下设干部队和四个大队，对外称"新兵营"。

陈云和父亲亲自为指战员们上文化补习课，而后，又开展了飞机、大炮、坦克、骑兵、电台等业务训练。陈云和父亲还专门为“新兵营”上马克思主义理论课，使将士们在掌握现代军事知识的同时提高了思想政治觉悟。同年10月，根据党中央命令，在迪化南梁正式设立八路军驻新疆办事处。党中央决定父亲出任八路军驻新疆办事处主任，对外称“南梁第三招待所”。在父亲主持下，八路军驻新疆办事处一是紧紧抓住中共与盛世才建立抗日民族统一战线的有利时机，宣传我党的抗日主张，帮助盛世才稳固新疆政局；二是巩固抗战后方和保持国际交通线的畅通；三是筹集和转运国际和新疆援助延安八路军的军火和其他军需物品；四是为八路军培养人才；五是迎送和接待往返于延安和共产国际间的高级干部；六是指导和管理在新疆各地的共产党员，积极开展党的工作。父亲除了管好“新兵营”的工作外，还积极与共产国际、盛世才进行联络、交涉，筹集了羊皮大衣五万件、汽车十辆、高射机枪十二挺、子弹十二万发支援八路军。

滕代远与家人合影

1937年底，父亲奉命调离新疆返回延安就任中共中央军委参谋长。

（本文选自《新疆党史》）

听妈妈讲她传奇的故事

口述/赵秀兰　整理/郭　劲

自我懂事起，就常听周围的长辈们说，我妈妈是个有着传奇经历的了不起的人物。可每当我问她的时候，母亲总是笑笑说，没什么的，不值得炫耀的。前些日子，母亲过八十三岁生日，我对她说，你的孙儿们都上大学了，可我和他们都不清楚你的传奇经历，是否可以考虑给我们讲点，也不至于大家还一直好奇下去吧？她可能觉得这要求也算合乎情理，于是终于有了解开我心头不解之谜的机会。

母亲1928年2月14日出生在江苏镇江，本名赵秀兰。在十岁前后，随开皮鞋店的父亲来到上海，成长在有产之家，“大哥”是弟妹们对她的戏称。我猜想应是她既聪慧俊丽又干练坚毅吧。她九岁入学校读书，十二岁高小毕业，并以全“A”成绩考入上海静文女子中学。

1947年，静文女中来了个年轻的女国文老师，叫杨洁曾，因母亲国文成绩优异得她赏识，两人年龄差距不大，所以彼此关系较近，后来，才知道她是个进步革命青年。母亲在与她的交往中，知道了孙中山、毛泽东，逐步了解了三民主义、马列主义，开始受到共产主义思想影响，渐渐开始成为有志向的青年学生。到1947年5月，二十岁的她直接参加了由共产党组织的反饥饿、反内战、反迫害等革命运动。由于参加学生运动，母亲无法继续在静文女中读书，她又凭优秀成绩，得以考入上海著名的立民女子中学。从1947年下半年到1949年初，母亲更多地得到地下党的培养，并且在党的领导下，组织、策划了几次较小规模的学运活动。在这个过程中，母亲也逐步确立了坚定的革命人生观。

母亲年少时即有“好儿女立志出乡关”的抱负，1949年1月，她为了追求革命理想，毅然出走离开家庭，投奔了革命队伍。上海解放前夕，她参加了中国社会主义青年团，按照地下党组织的要求，为迎接解放军进入上海，在白色恐怖下秘密组织进步学生制作了近百面红旗和横幅标语，鼓舞了当时上海市民的信心和勇气。

1949年5月上海解放时，母亲毕竟年轻想家，就主动把部队的地址告诉了家里。突然有了音讯，我姥姥立即来到部队，谎说家里发生了大事，弟弟得暴病而亡，需要她回家帮着料理一下。等她回到家，弟弟健康安好，知道上了当，可要重返部队已经迟了，从早到晚都有人监视着她，已是插翅难飞了。好在这样的日子不长，一个来月后，家人的警

第三野战军文工团

人，最后学成出徒的还不到十人，母亲因自己是最优秀的学员而自豪。

1950年，朝鲜战争爆发，我军第二十军与第二十六、二十七军整编合并组建为志愿军第九兵团，就是在朝鲜战争中与美军王牌陆战一师展开空前惨烈围歼战的那个兵团。母亲没有赶上这场战役，她入朝参战时已经是1953年的4月了。她说，是自己向王必成副司令员多次请求参战才争取到的，所以后来到朝鲜就在王必成身边工作。当时，母亲是兵团司令部保密室组长。每当母亲提起王必成，就会竖起大拇指：他就是解放战争中率部打胜“黄桥决战”、在孟良崮战役中击毙张灵甫的那个人。王副司令很能打仗，很善于打大仗、打硬仗，号称“虎啸三千里江山”，被志愿军称为“王老虎”。说来也巧，1953年10月，第三届中国人民赴朝慰问团赴朝鲜前线慰问志愿军，团长是贺龙，有四千多名慰问团成员。当年在上海静文女中的杨洁曾老师竟然也在其中。此时杨老师已是上海市儿童教养院院长了，她们师生在朝鲜战场的意外相见，也成了当时慰问团在朝鲜活动中的一段佳话，意外相见的场面至今依然令母亲激动不已。后来母亲才知道，在组成赴朝慰问团时，因为杨老师当年的不少学生都赴朝参战了，所以，有可能见到当年的学生，真没想到这个“可能”在她俩身上成了现实。

母亲说，自己入朝参战的最大贡献，是参与了作战和谈判两方面的工作。1953年7月27日上午10时，交战双方

惕渐渐松懈下来。在与外面的组织取得联系后，7月初的一个下午，母亲再次出走投奔革命队伍。这次，她参加了中国人民解放军，编入第三野战军文工团，也在此时，母亲把“赵秀兰”的名字改成了“乜夙志”，取反叛家庭之意为姓，而取“夙志”之名是为了表达追求确定的革命志向。同时，她把自己的出生年份也改成了1932年，生日选择了第一次投身革命的1月23日。因为她的名字和年龄都改了，后来家里人找遍了上海，也无法再找到母亲了。由于母亲的书念得好，有一定文化，所以在文工团时间不长，就从战士干到班长，又从班长干到分队长，可她是善文不善武，会写不会演。正巧这时，组织上要为部队培养一些机要速记秘书。那时不像现在，许多重要会议要完整记录下决议形成的过程，用笔的特殊速记就成了唯一的手段。母亲于是很高兴地去学习速记了。

速记是用特殊符号系统记录语音的快写技能，不仅要能准确、熟练运用记录符号，还要有较好的语言文字功底，不然就难以完成从语言到拼音的记录，从语音到文字的音译转换。这项非常难以掌握的技能，虽然强化培训了三百多

正式在《朝鲜停战协定》和《关于停战协定的临时补充协议》上签字，母亲亲历和见证了“抗美援朝、保家卫国”的过程，直到现在还能准确地记着关于这场战争的数字：中国人民志愿军和朝鲜人民军共毙伤俘敌军109.3839万名，其中美军39.7543万名；击落击伤和缴获敌机1.2224万架，击毁击伤和缴获敌军坦克3064辆，击毁击伤和缴获敌军各种炮7695门，击沉击伤敌军舰艇257艘。1953年底，母亲回到了祖国的怀抱。在朝鲜期间，她荣获了一次战士荣誉勋章，以及一枚三等军功奖章。

1955年，母亲转业到华东航空学院，任学院寿松涛院长的秘书。1956年3月，她加入中国共产党，同年被学院授予“建设社会主义青年‘三好’积极分子”光荣称号。1956年，学院迁址西安，母亲随寿院长调往新校“西安航空学院”；1957年，学院同西北工学院合并为“西北工业大学”以后，历任校长秘书、大学党委办公室和整风办公室秘书。当时，她的速记本领也是一绝，连时任陕西省委第一书记的李瑞山都有所知晓，他后来专门指示要派一些秘书学习速记。1972年到1976年间，陕西省委、省政府先后有十几位秘书，分三个月一批专职让她传授速记。由于这是一项十分辛苦的工作，常常白天跟着领导四处开会做速记，晚上连夜进行翻译，长此以往的忘我工作，母亲终于积劳成疾患上了肝硬化。1959年不得不离开工作岗位治疗休养，到1962年才复出工作。后来，先后在大学学生处、教务处、科研处、学校学报编辑部工作。1976年粉碎“四人帮”后，她被调入大学党委统战部、组织部，先后负责统战工作和拨乱反正的政策落实工作。党的政策通过她的具体落实，使一大批被错划为“右派”的知识分子获得了新生。

母亲在国家和民族灾难深重的时刻，在共产主义旗帜和革命进步思想的感召下，毅然奔赴革命战场。参加革命后，母亲紧紧追随中国共产党，听从党的调遣，服从党的命令，时时处处从各方面严格要求自己，为祖国的解放事业和中华民族的独立作出了积极贡献。在党的培养下，她吃苦在前，享受在后，一身正气，两袖清风，对党、对人民、对革命事业无限忠诚，多次受到上级组织的表扬和奖励。母亲的革命业绩，也被多次载入国家的史料文献之中。

（本文选自《中华魂》）

从延安走向世界的外交家

文/黄禹康

黄　华

奔赴延安，协助埃德加·斯诺完成《西行漫记》

1913年初，黄华出生于河北省磁县一个大家庭。十九岁那年秋天，他考入燕京大学。燕大当时作为教会大学，是用英文教学的。黄华的英文很好，这为他后来从事外交工作打下了良好的基础。

1936年6月，黄华在北京燕京大学参加了中国共产党，是一二·九运动的参加者和领导人之一。加入中国共产党后，他又萌生了去陕北参加红军的念头。恰好这时，燕京讲师埃德加·斯诺诚邀他同行去陕北采访（当翻译），黄华不假思索，高兴地一口答应了。斯诺的这次延安红区之行最大的成果，就是写出了震动世界的《红星照耀中国》(《西行漫记》)，向西方介绍了中国共产党早期的辉煌历程和毛泽东的传奇经历。这本书其中就有不少黄华的功劳，特别是后来随斯诺到前线去采访，黄华每天把斯诺的英文初稿翻译成中文，请信使带回延安请毛泽东过目，保证了记录的准确。但是因为当时黄华到了苏区后即下决心不再离去，于是他叮嘱斯诺写文章、写书都不要用他的名字和照片，所以斯诺的书直到中华人民共和国成立后再版时才提到他的参与。

这次旅行中，黄华初次见到毛泽东

主席。毛泽东非常感谢黄华托周恩来转交他从西安带来载有鲁迅文章的杂志。他高度评价了一二·九运动，称之为五四运动以来最伟大的群众运动，只是因为消息闭塞，在一二·九运动后的很长时间才知道。毛泽东说“北京的年轻人干得好哇”，并当即指示黄华在陪同斯诺到前线采访的同时，作为白区学生代表，向战士和群众宣传国民党地区学生抗日救亡运动。

黄华其实原名叫王汝梅，到了苏区后，黄华从此不再用原名，也是考虑到从事革命工作后，怕用原名会连累家庭。结果后来“假名”用了一辈子，真名反倒被世人淡忘了，甚至以后他的儿孙们也都全部改姓黄了。

1944 年秋，黄华夫妇同爱犬合影

延河之恋，结草衔环好姻缘，

六十载伉俪情深

1941 年 7 月，黄华被调到中央军委工作，担任朱德总司令的政治秘书。当时的延安，约有两万多干部和学员。其中，就有跟随父亲何思敬到达延安，成为军委俄文学校学员的何理良。

何思敬早年在日本留学，毕业于东京帝国大学，1927 年初受广东革命政府邀请到广州“国立中山大学”教书。1932 年加入中国共产党，1938 年来到延安后在抗大任教，后遵照毛泽东指示，在编译局翻译德国军事学家克劳塞维茨的《战争论》。1939 年冬，何理良的母亲王艾英带着她和她的弟弟、妹妹从香港来到延安，那时何理良才十四岁。

“何理良是朱德总司令姨侄女贺高洁的同学，她们常一块儿到总司令的院子里来玩，因此我常同她见面。”在《亲历与见闻》一书中，黄华回忆旧事时这样写道。而把他们两人“撮合”到一起的是朱德的夫人康克清。有一次康克清看到何理良，跟她说找对象就得找像黄华这样的。又说黄华不错，知识分子，待人诚恳。何理良当时心里也觉得黄华不错。在何理良眼中，黄华是个“实实在在的人”，很关心她，当时她缺一本俄文的语法书，黄华就想方设法找到一本送给她。那时延安的娱乐生活非常简单，年轻人谈恋爱算得上浪漫的事情：一是傍晚到延河边散步或到小树林里唱歌、谈理想；二是参加周末晚上在打谷场上举行的舞会，每个人穿着草鞋，在油烟灯底下，在一把胡琴和一支竹笛或口琴的伴奏下跳舞。

1944 年秋，他们决定共结连理。但那个时候的延安，物资条件特别困难，就连他们唯一的一张结婚合影照片还是从一张集体照中“抠”出来的。镜头中，年轻的何理良梳着齐耳短发，身上穿的一件翻领的棉袄似乎颇为时尚。实际上那就是延安统一分发的制服，只是因为不喜欢大家都穿同样的衣服，所以她请妈妈改了一下，在领口处缀上了别致的齐排扣，从而显得与众不同。

结婚的那一天，王家坪非常热闹，朱德总司令和康克清为他们送来祝福。三五九旅旅长王震还特意从南泥湾弄来了一桌美味佳肴：鸡、猪肉和大米。大家饱餐了一顿，学校的一百多位教员和同学还开了个晚会。大伙儿围坐成一个大圆圈，吃着红枣和花生，在马灯光下和胡琴、竹笛声中跳起交际舞……

黄华与何理良携手走过了六十多年，他们不吵架，是因为没有时间吵架。特别是黄华担任了外交部部长后，每天光要批阅的文件就堆成小山，不仅要有好的脑子，还要有体力，根本没有多余的时间和精力吵架。直到最近，黄华卧病，他才有时间回想两人几十年相处的点滴，并留下了两句话："如有来生可期盼，结草衔环好姻缘。"黄华是不重形式的人，两人六十年钻石婚时，也没有举行什么仪式，他总是说，弄那些花架子干什么？结婚纪念日，两个人照照相就得了。他甚至嘱咐亲人自己故去后不要留骨灰。在妻子何理良看来，他是个彻底的唯物主义者。

初涉外事，在与美军驻延安观察组共事中迅速成长

1944年6月23日，美国副总统华莱士受罗斯福委派作为特使到重庆同蒋介石会谈，他强调需要采取一切措施来结束战争和拯救美国士兵的生命，指出美国空袭日本的B-29重型轰炸机以及在华北区进行空战的飞机随时可能被击落，需要中共控制区的军民营救飞行员。美军也急需得到华北和华中的准确军事情报，而派遣美军观察组去延安是军事需要，同政治问题无关。蒋介石只得勉强同意美方要求，批准观察组的建立，同意该观察组直接受驻华美军司令部领导，也同意包瑞德上校任组长。

在史迪威主持下，美军观察组迅速组成。人员来自陆军、海军、战略情报局、驻华美军司令部和美国驻华大使馆。

毛泽东、朱德和主管外事的周恩来以及叶剑英对美军观察组的工作投入了许多精力。中共中央成立了以军委秘书长杨尚昆为组长的延安中央军委外事组，成员有黄华、柯柏年、陈家康、凌青，马海德任外事组顾问。黄华担任翻译科和联络科科长。

观察组于7月22日、8月7日分两批飞抵延安，毛泽东、朱德、周恩来在观察组到达延安后设宴欢迎。

到达延安几天后，美军观察组的十八位成员，搬进了延安北门外延河西岸的窑洞和平房内。他们架起了天线，开动发电机，在院子里升起星条旗，迅速投入通信联络和气象探测工作。黄华与柯柏年、陈家康、马海德、凌青等延安外事组的成员也搬入院内的宿舍。

美军派观察组常驻延安意味着美国政府事实上给予中共以某种官方的承认。8月初，中共和美军观察组进入了实质性会谈。美方提出了一个他们所需的各种情报的清单。为此，十八集团军参谋长叶剑英向各根据地下达了详尽指示。毛泽东还起草电报给太行、山东、华中三个地区的负责人邓小平、罗荣桓和张云逸，请他们选择适当地点开辟飞机着陆场。中央还致电山东军区和新四军军部，希望他们尽快搜集日本海军在青岛、烟台、连云港的情报，以便向盟军提供。

包瑞德向各抗日根据地派出了三个小组。第一组于9月初出发，过黄河后亲眼看到晋绥军区吕正操司令员指挥的八路军和民兵，用缴获的日军爆破器材摧毁了日军碉堡。他们在晋察冀边区，目睹方圆几百平方公里的地区，成为日军抢光、烧光、杀光后的无人区。这个小组的行程长达两千公里，于11月初返回延安。

第二批观察组人员于10月初出发，赴晋察冀敌后根据地，最远到达河北的阜平，见闻十分丰富。他们曾在近处观察我军同日军交战并俘虏日本士兵的情况。四个月后回到延安，他们向美国政府和军方写了详细的报告。

与第三观察组同行的还有三个西方记者：沃陶、福尔曼和爱泼斯坦。他们于10月9日出发东渡黄河，访问了晋绥边区，深入敌后直到离日军占领的汾阳城几公里的地方。他们目睹了八路军攻入汾阳城和俘虏日军的情况。11月下旬返回延安。

黄华在延安观察组接待过几位被敌后根据地军民搭救和护送到延安的美军飞行员和军人，并将他们转送去重庆。据统计，中共部队营救的美国飞行员达一百二十多名，均把他们转送到安全的地方。有一位美国军官威廉·泰勒，原是一名建筑工程师，1941年12月日本进攻太平洋岛屿时被俘，在集中营做了三年多苦役。一次，他趁看守的日本兵瞌睡时，悄悄地从行驶中的火车上跳下逃跑，被新四军发现并护送至鲁南转交给八路军。毛泽东即指示驻在山东的一一五师护送泰勒至晋冀鲁豫的一二九师，转赴延安。泰勒在延安度过了愉快的两个星期，因华盛顿美军总部召他回国，以了解关于美国战俘的情况。泰勒返美前夕，毛泽东和朱德热情款待了他，到机场欢送并同他合影留念。1990年泰勒重返中国访问，他特意送给黄华两张发黄的照片，是1945年7月他在延安机场上分别同毛泽东、朱德的合影，这两张照片包含着许多温暖友好的回忆。

从1944年7月到1945年4月，谢伟思在延安同毛泽东和周恩来有过几次长谈。他给上级写了许多有关中共情况的分析报告，认为中国最强大的力量是共产党，而且不要很长时间，它就会统一全中国。他积极建议美国政府同中共合作，认为向中共提供援助有助于早日打败日本。他在报告中盛赞中共领导的地区，他写道："我们全体成员有一个共同的感觉，好像我们进入了一个不同的国度和遇见了不同的人民。在这里，有一种生机勃勃的气象和力量，一种和敌人交战的愿望，这在国民党中是难以见到的。"

（本文选自《中华魂》）

毛泽东接客人至住所途中，右一为参与接待工作的黄华

聂凤智"造假"降敌首

文/佚　名

聂凤智（1914—1992年），湖北礼山（今大悟）县人。1928年加入中国共产主义青年团。1929年参加中国工农红军。1933年转入中国共产党。1955年被授予中将军衔。荣获二级八一勋章、二级独立自由勋章、一级解放勋章。1988年被授予中国人民解放军一级红星功勋荣誉章。

1949年5月，在我军凌厉的攻势下，汤恩伯乘船逃跑了，留下的刘昌义被临时加了个"淞沪警备副司令"的头衔，"统率"剩下的五十一军、青年军和交警总队等。青年军、交警总队是"国军"中的嫡系，属"少壮派"。聂凤智深知蒋军内嫡庶矛盾的根深蒂固，刘昌义指挥不了青年军，刘昌义又曾有过想向我方靠拢的表示，所以，一开始我军就集中力量打击蒋介石的嫡系"少壮派"，而对刘昌义进行争取。

不久，负责和上海地下党联系的同志回来报告说，通过内部关系，终于和刘昌义联系上了，并说，由于我军狠狠地打击了"少壮派"，刘昌义已感到危在旦夕，表示愿意考虑我方提出的条件，他已让刘昌义直接找聂凤智联系。

果然，不一会儿，电话来了，是从敌人警备司令部转过来的。聂凤智直截了当地对刘昌义说："刘军长，现在摆在你面前的有两条路。一条是光明大道，就是放下武器。历史也可能会因为保全了上海，保护了上海六百万人民而记你一功。可以保证你部全体官兵和你太太、子女的安全，这是陈毅将军要我转告你的！另一条道嘛，我不说你也清楚。"

刘昌义连忙问："啊，请问阁下是……"

"中国人民解放军第三野战军第二十七军军长聂凤智。"

"哦，哦，久闻大名！"

"刘军长，你决定吧。"聂凤智紧逼对方。

"请问，陈毅将军现在什么地方？"

"陈将军就在我们后面不远，他给你的投降命令已经送来，马上就到！"

这一招极其有效。刘昌义沉思片刻后就说："我马上亲自来面谈。"

副参谋长知道，聂凤智哪有什么"投降命令"。见他放下电话，就说："军长，这命令……"

抗日战争时期，聂凤智与战友合影

聂凤智手一指："你马上起草一份。"

"我？"

"你代陈毅同志起草一份嘛！"

副参谋长哪里敢假造陈毅的命令，说："这，这……"

"这是我的命令！"

聂凤智又对政治部主任说："你找人去刻一个'陈毅'的'关防'大印。"

政治部主任直搓手，说："这阵地上，到哪里去刻图章啊？"

聂凤智"狡猾"地一笑，说："地里不有的是萝卜嘛！"

一切准备就绪，刘昌义来到了设在虹桥一个小照相馆的我二十七军指挥所。作战科长热情接待。可就在楼上的聂凤智，却摆足了"架子"，千呼万唤不露面。并对作战科长说："再晾他一会儿。"

作战科长"一请""稍候""再请""稍等"，刘昌义马上就感觉出了这个军人的地位和作用之重要。待终于"请"下楼时，又见他矮小、精瘦、黝黑、貌不惊人，却是一脸威严，立时便有几分敬畏。边上的人见聂凤智做得煞有介事，都忍不住窃笑。

"你叫刘昌义？"聂凤智劈头就问。

"是的。"刘昌义毕恭毕敬地立正回答。

"那好，我现在向你宣读我们陈毅将军的命令。"他就郑重其事地向刘昌义宣读起了那份盖有萝卜大印的"命令"。读后交给了刘昌义。

刘昌义匆匆浏览了一眼，点头表示"谨领"。

这时，聂凤智才客气地让茶让座，和他谈起了当前上海的处境，以及我党我军的一贯政策。刘昌义当即表示：五十一军他完全可以负责，并同意当晚就撤出阵地，分别在江湾、大场集中，听候处理。可其他老蒋嫡系，他无能为力。聂凤智说，只要五十一军解决就行，其他的不为难他，并客客气气地把他送出门口。

五十一军的顺利解决，极大地动摇了上海市区整个防线上敌人的防御心理。我七十九师抓紧时机，分头抢渡、迂回包抄，使正在因五十一军的撤出而忙于调整部署的苏州河北岸之敌很快顾此失彼。

我二十七军率先突破苏州河防线，像一把锋利的尖刀，勇猛而迅速地插进了上海的核心部位。

这时，陈毅打来电话："聂凤智吗？前面情形怎么样？"

聂凤智不免有几分得意地说："刘昌义投降了，现在苏州河也突过去了。"

"好哇，你用的什么法术？"

聂凤智报告了"造假"的经历。陈毅听了哈哈大笑。

"好你个聂凤智，胆大包天，居然把我也'全权'代表了。"

（选自漓江出版社《2001年中国年度最佳报告文学》）

有勇有谋，建功鲁甸解放

文 / 吴　艳

他出身于一个贫困的回族家庭，而她则是彝族国民党高级将领的女儿。他们因民族解放事业而牵手，为民族发展事业一起奋斗，他们是一对真正的革命夫妻。他们就是李长猛与陇若兰。

1921 年，李长猛出生在云南昭通一个贫苦的回族家庭。小时候，母亲希望他去清真寺念经，将来成为一名阿訇，而李长猛更想读书，成为一个有文化、有思想的人。

1936 年，李长猛在昭通中学读书期间，受到了爱国进步思想的熏陶。1937 年七七事变爆发后，李长猛和同学一起，到街头、农村进行抗日宣传，号召各族人民团结起来，打倒日本帝国主义，并开展募捐支前的活动。1939 年，李长猛加入中国共产党，成为云南回族中最早的共产党员之一。之后，他从事过地下工作及学生运动，还在山区打过游击。

1949 年 8 月，云南全省解放前夕，李长猛被调往中共滇东北地委任委员兼群工部长。此时，昭通的工作局面尚未完全打开，为此，地委决定派滇桂黔边纵的一个团渡过牛栏江去发动群众，组建部队，形成游击区，选择时机解放昭通。

昭通是曾任云南省主席龙云的家乡，当时，他的三儿子龙纯曾就盘踞在巧家一带。龙纯曾仰仗着父亲这棵“参天大树”，在乌蒙山区的彝族同胞中有一定的影响力。离开滇军后，他纠集了一伙地方势力，打出“西南人民革命军尹武纵队”旗号，自任司令。此前，已流亡香港的龙云一直由中共地下党员张增智策动起义，因而，组织上决定让李长猛冒名张增智，前去巧家与龙纯曾谈判。

考虑到要与彝族同胞进行思想上的沟通，李长猛要求带着陇若兰一块儿去巧家。陇若兰在彝族群众中颇有声望，且曾经协助策反过龙卢集团中举足轻重的六十军二十一师在长春的起义，因而有对敌工作的经验。因为陇若兰在彝族群众中有一定影响力，而且跟龙纯曾他们家是亲戚，所以组织派她先去进行说服工作。到了那里，她才了解龙纯曾是白天睡觉，晚上处理事务。于是，晚上她跟龙纯曾以聊天的形式讲了自己父亲起义的前前后后。她告诉龙纯曾要相信共产党，跟着共产党走才是正确的、有希望的道路。

正式谈判时，李长猛提出三个条件：一是龙纯曾派两个团到沾益前线支援解放军；二是派兵攻打贵州威宁；三是不得与解放军发生冲突，为解放昭通的解放军让出道路。经过再三考虑，龙纯曾同意只接受第三个条件，显然他还想继续雄霸一方。尽管谈判没有取得成功，但李长猛走后，龙纯曾手下的两个团还是迫于形势开往会泽宣布了起义。

李长猛结束谈判从巧家返回后，根据时局发展需要，兼任了中国人民解放军滇黔桂边区纵队第六支队新编三十二团党委书记。这样一支新生的游击力量，为一举解放昭通提供了保障。

11月下旬，李长猛亲率三十二团一个营进驻桃源镇，大张旗鼓地成立了“桃源镇解放委员会”。中共巧家县委派出的一个营和会泽方面派来的一个连也先后到达桃源，兵力部署到鲁甸县城外围，依托文屏山形成了东南西三方包围的态势。为了实现鲁甸县城的和平解放，李长猛利用关系顺利进入县城，见到了县长田福武，宣讲和平解放政策，要求县里的各方武装放下武器，迎接解放大军进城。就这样，鲁甸县城未放一枪一炮就实现了解放。此时，上级专门从昭通组织了一百多名中学生来到鲁甸，协助新生政权的建立工作。李长猛将这些学生组建成宣传工作队，交由团政治部主任朱君毅负责，做群众的思想工作，提高群众的思想觉悟。在受苦民众的强烈要求下，六支队从严惩治了两名称霸一方的土豪劣绅，更是受到了群众的拥戴。

1950年3月，中国人民解放军第十五军四十三师一二九团的一个营正式进驻鲁甸。4月1日，昭通专员公署接管代表李剑秋派周玺前往鲁甸接管县政府，同时废除国民党党部。此后，相继成立了中共鲁甸县委和县人民政府，开始征粮、剿匪和建政工作，新中国的鲁甸县地方政权从此诞生。

（本文选自党建网）

1958年，永建县与巍山县合并为巍山彝族回族自治县，李长猛主管修建该县的“福庆水库”，在庆功会上讲话

浩气长存励后人——何叔衡

文 / 黄禹康

何叔衡

何叔衡的父亲何绍春，是个勤劳朴实的农民。他为了养家糊口，除在家种地外，每年还利用空闲时节，到洞庭湖沿岸做几个月短工，以添家用。何绍春和全家人省吃俭用，坚持送何叔衡一人读书，使他得到了良好的受教育机会。对此，何叔衡后来曾多次对女儿何实山、何实嗣说："我读了书，我的两个姐姐、两个哥哥和一个弟弟几乎一天书也没有读，都是文盲。我是靠你们几个伯伯叔叔的劳动才读成书的。书都由我一个人读了。"

何叔衡没有让父亲失望。1902 年 7 月，他遵父命参加县科举考试，一举中了秀才。秀才虽然不是什么大学问家，也不是什么大官，但当时对杓子冲这个

穷乡僻壤的小山村来说，可是一件了不起的大事了。何叔衡中秀才后，县府曾安排他这个秀才去分管钱粮，按说这也是个吃官粮的“美差”，但正直的何叔衡在衙门没干几天，愤于当时政府衙门的黑暗腐朽，毅然辞“官”回家种田、教私塾。后来，虽有人讥笑他为“穷秀才”，但却因其为人正直和疾恶如仇的品行而颇受乡邻称道。

何叔衡看到毛泽东来访，高喊：“来了贵客，来了贵客！”

1917年暑假，何叔衡因家里有事，一放假就打起行囊准备回家。临行前，毛泽东风趣地说：“何胡子，你快点回去，说不定过几天我和子升兄会去拜访你，看看我们的嫂夫人呢！”

何叔衡高兴地把自己家里的地址留给了毛泽东。

果然，何叔衡回家才三天，毛泽东就身着长衫，手执纸伞，与萧子升风尘仆仆地来到了杓子冲何叔衡家。学友相见，分外亲热，还没进屋，毛泽东就风趣地说：“何胡子，你就住在咯个冲冲里，比我老家韶山冲还难找！”

何叔衡见自己最好的朋友到了，忙一边热情地把毛泽东俩人迎进堂屋，一边对着屋里高声道：“爹老子，快出来，来了贵客，来了贵客！”

说完，何叔衡把毛泽东和萧子升一一介绍给家人。

毛泽东和萧子升在杓子冲何叔衡家一住就是三天。白天，他们到田间同农民劳作，在田头地角向农民做社会调查，问农民一年下来一家能收多少担谷子，除了交租外自己还剩多少？问剩下的这些粮食能不能养活全家？当听说当地农民交的是“三七租”，一年下来的收成，东家占七成，种田的只有三成时，毛泽东、何叔衡都说，这个世道太不合理、太不公平了。晚上，何叔衡又陪着毛泽东到农民家开一些小型座谈会，详细地了解当地的民风民俗。短短的三天，何叔衡全家的热情好客，给毛泽东和萧子升留下了深刻的印象。

早在20世纪50年代，当年与毛泽东一同在何家住过三天的萧子升回忆起这段往事时记忆犹新，他说：“吃过早饭以后，何老先生领我们去参观他的猪场。一个猪栏里面有十几头猪，有白的，也有黑的。这些黑猪是何老先生最宝贵的财产了。一只肥大的猪除去背上的黑色斑点，简直是浑身雪白，看起来像只小牛。毛泽东询问这猪的重量和养了多久，何老先生笑着答道：‘这只猪大概有三百二十斤重。猪若长到两岁，我们就觉得它的肉太老，不够鲜美了。这只猪还只有十一个月大哩。’”萧子升还说：“我们平生尚未曾见过这样优良的猪种，因此在猪栏之前徘徊了好一阵子。何老先生笑着说道：‘你们可有了作诗的好题材了！’后来我还的确曾在日记上写过一首题为《肥猪》的短诗。当我们从猪栏向菜园走去的时候，何老先生说道：‘这些猪是我们家中的宝贝。没有这些猪，我们的生活就很难维持了。今年的肉、油、茶、盐等开支都是从它们身上得来，还有盈余。真的，没有这些猪，我们实在难以为生。’”

三天后，当毛泽东和萧子升离开杓子冲时，何叔衡的父亲执意要赠送毛泽东盘缠，说这是他作为长辈的一点心意。毛泽东婉言谢绝，并说他们之所以不带分文进行社会调查，就是要锻炼自己的适应能力，磨炼自己在艰苦环境中战胜

何叔衡故居

困难的意志。

毛泽东夸赞："叔翁办事，可当大局。"

"五四"前后，毛泽东在湖南从事革命活动时就这样说过："何胡子是一条牛，是一堆感情。""叔翁办事，可当大局。非学问之人，乃做事之人。"

何叔衡儿时好友、后来的战友谢觉哉曾深情地赞誉说："叔衡同志很笃实，又很刚正。他以不能谋自谦，故很能虚怀接受人家的意见，但他以能断自负，每在危难震撼、人们犹豫的时候，他能不顾人家反对，不要人家赞助，毅然走自己的路，站在人们的面前。叔衡同志是学而不厌、诲人不倦的。他的诲人，似乎摆着正经面孔而又不摆着正经面孔，似乎他向你请益，而实则你就在他的陶熔中。"

何叔衡的老师徐特立这样评价自己的学生："在莫斯科，我们几个年老的同志，政治上是跟叔衡同志走的。开头都说叔衡同志笨，不能做事。清党事起，大家还摸不着头绪的时候，叔衡同志就看到了，布置斗争，很敏捷，很周密，谁说他笨！"

战友们的评价，客观而真实地反映了何叔衡那名垂青史的革命和战斗的一生。1913年，何叔衡考入湖南省立第一师范讲习班，与小他十七岁的毛泽东相识并成为志同道合的校友、同志和战友。从此，他一直热情而默默无闻地支持着毛泽东在湖南开展的一切革命活动。1918年4月，他与毛泽东、蔡和森等发起组织成立新民学会，并担任了学会的执行委员长。这时候的何叔衡已经四十二岁，但他越过年龄的鸿沟，与青年学生为友，那革命意志，那斗争激情，甚至比青年人还高昂。1920年3月，何叔衡参加和领导了湖南开展的驱除皖系军阀张敬尧的斗争。接着，他又与毛泽东等发起组织了湖南俄罗斯研究会，确定以"研究俄罗斯一切事情为宗旨"，提倡赴俄勤工俭学，并先后介绍和推荐刘少奇、任弼时、萧劲光等进步青年到上海外国语学校学习俄语后赴俄国留学。

1920年冬，他与毛泽东共同发起成立了湖南党的早期组织。特别在对于新民学会发展和中国共产党湖南早期组织创建具有重要意义的1921年1月的新民学会新年大会上，何叔衡坚决支持和拥护毛泽东的意见，旗帜鲜明地表示：“我主张‘过激主义’。因为一次的扰乱，抵得二十年的教育，我是深信这些话的。”何叔衡的工作能力和工作作风，深得毛泽东的钦佩、赞赏和信任，他不在湖南时，如“驱张运动”到北京、上海，就把湖南的工作交给了何叔衡。当时，中国共产党湖南早期组织成员之间就有这样一种说法：“毛润之所谋，何胡子所趋，何胡子所断，毛润之所赞。”

1921年6月，何叔衡与毛泽东一道，赴上海出席了中国共产党第一次全国代表大会。党的一大后，何叔衡协助毛泽东创办了湖南自修大学，为革命培养干部和后备人才；组建了中共湖南支部，领导轰轰烈烈的工农运动……1928年6月，何叔衡前往莫斯科，出席了中共六大。1931年秋到达中央苏区，并在中华苏维埃一大上当选为中华苏维埃临时中央政府执行委员、工农检察人民委员。1935年2月26日，留守中央苏区的何叔衡在转移途中遭遇敌人而壮烈牺牲。

（本文选自《中华魂》，有删节）

何叔衡雕塑

建党过程中蔡和森的多个“最早”

文 / 李永春

蔡和森

蔡和森是中国共产党重要的创始人之一，在建党前夕提出了建立中国共产党的主张和“中国共产党”的名称，在党的创建过程中最早提出了比较全面系统的列宁主义建党思想。不仅如此，蔡和森在法国将他的建党主张付诸实践，回国后实际参与创建党的活动，对党的创建作出了重要贡献。

最早提出“中国共产党”名称和“组织共产党”的主张

1918年蔡和森与毛泽东等发起成立新民学会，以“革新学术，砥砺品行，改良人心风俗”为宗旨立下远大志向。他动身去北京组织湖南青年留法勤工俭学运动时提出，三年内使学会成为“中国之重心点”。到法国勤工俭学后，蔡和森“猛看猛译”马克思主义理论经典，研究欧洲共产主义运动，成为我国旅法勤工俭学学生中最早接受马克思主义的革命先驱。在法期间，蔡和森总结德国社会党和各国共产党的经验教训，研究马列主义建党理论尤其是布尔什维克的建党经验，认识到无产阶级政党是“革命运动的发动者、宣传者、先锋队、作战部”，“以中国现在的情形看来，须先组织他，然后工团、合作社，才能发生有力的组织。”在此基础上，1920年7月他在蒙达尼会议上首次提出“组织共产党”的主张，同年8月向毛泽东提出“现在就要准备”建立政党，“于两

年内须成立一个主义明确、方法得当和俄一致的党”。他在给毛泽东的信中提出，计划在1920年冬联络在法国的新民学会、少年中国学会、工学世界社等进步社团成员，共同讨论，如果能在注重“无产阶级专政”和国际主义两点上达成共识，拟“明目张胆正式成立一个中国共产党”。蔡和森所提出“中国共产党”的名称，在时间上也明显早于1920年11月上海共产党所制定的《中国共产党宣言》。

探索建立共产党组织，最早提出“中国少年共产党”名称

在提出建立共产党主张的同时，蔡和森在新民学会内部开始尝试建立共产党组织。1920年7月，新民学会在法国的会员在蒙达尼聚会，蔡和森极力“主张组织共产党，使无产阶级专政，其主旨与方法多倾向于现在之俄”。当时与会者受无政府主义思想的影响，认为他主张的暴力革命论“太激烈”，蔡和森却极力从世界大势来阐发“激烈革命”之必要。蒙达尼会议的建党讨论，发生了严重的意见分歧，但是“为在旅法勤工俭学学生中创建党组织的工作揭开了第一页”。

蔡和森意识到学会的组织形式和会员的主义信仰，都难以适应中国革命形势发展迫切需要的革命政党的要求，于是试图以新民学会会员为基础，改造工学世界社为共产党组织。在1920年12月工学世界社谈话会上，蔡和森应邀作长篇发言，大意是“主张无产阶级专政，社会大革命；否认无政府主义为理想的乌托邦主义”。在1921年7月工学世界社年会上，蔡和森畅谈了学习马克思主义理论和俄国十月革命经验的体会，提出了创建共产党组织的问题。由他提出的“行动纲领”得到了热烈讨论，但表决时发生了分歧，修改章程时名称问题也出现了争论，故仍“暂时保留”原名，但在年会上出现了“采取共产党组织”的趋向。一般认为，蔡和森提出讨论的“行动纲领”就是共产党的政治纲领。虽然工学世界社最终未能改造为共产党组织，但由此变成了共产主义性质的组织和旅法党组织的前身。

1921年2月蔡和森组织留法勤工俭学学生争取“吃饭权、求学权、工作权”运动之后，与赵世炎、李立三讨论准备成立一个共产主义同盟会的革命组织，并首次提议命名为“中国少年共产党”。蔡和森所主张建立的少年共产党，就是在他被强遣回国后，主要由留在法国的周恩来、赵世炎、李维汉等共同组织的“旅欧中国少年共产党”。旅欧中国少年共产党被公认为是“蔡和森所主张建立的布尔什维克的组织”。蔡和森对旅欧少年共产党的酝酿和组织，都作出了重要贡献，是当之无愧的党的早期组织创始人之一。

根据列宁的建党学说，最早提出比较系统、全面的建党思想

蔡和森深入研究欧洲各国共产党的理论和经验，翻译了《俄国共产党大纲》以及列宁《国家与革命》等重要文献，又通过阅读《人道报》《共产党》等法文报刊了解了列宁起草的《加入共产国际的条件》等文献，在1920年8月、9月连续给毛泽东写了两封信，“主张马克思主义及俄式革命，而注重于组织共产党”，讨论共产党之重要性。1921年2月又写信给陈独秀，专门讨论“马克思学说与中国无产阶级”的问题。

以马列建党学说为指导，又结合中国的实际情况来研究如何在中国建立共产党的问题，成为蔡和森建党思想形成的标志。其内容涉及建党的必要性和重要性、党的性质、指导思想、组织原则（纪律）、奋斗目标、国际主义原则，以及组织步骤等方面。因此，他与毛泽东、陈独秀的三封通信被誉为“建党问题的鸿篇巨制，是中国共产党诞生的‘催化剂’，是宣告中国共产党即将成立的光辉文献”。蔡和森的建党思想同当时国内的陈独秀等人的建党主张不约而同，但更具体更系统，而且是他尚未与共产国际发生联系的情况下，将马列主义理论与中国革命实际相结合而独立提出来的。

学术界公认蔡和森是我党最早比较系统、全面而又正确地提出列宁式的建党思想和建党原则的人，是中国系统宣传列宁建党学说的第一人。

最早提出中国共产党加入共产国际的主张

蔡和森在法国深入研究了共产国际的历史，认识到共产国际“是无产阶级极彻底、极真实、极具主义方略的、真正的国际组织”，同时也注意到在共产国际帮助下欧洲各国纷纷组织共产党并加入共产国际的世界大势，因此急切地提出要建立中国共产党。他是根据共产国际的有关理论来独立思考建立中共并加入共产国际的首倡者。

蔡和森回国后，在中共二大积极推动中共加入共产国际并成为其一个支部，实现了他的建立中国共产党并且加入共产国际的愿望。

总之，蔡和森在法国期间按照列宁建党原则和建党理论提出建立中国共产党的思想主张，并且对于中共的创建起了重要作用；回国后参与党的创建工作，在党的组织建设、思想建设和作风建设方面，都作出了重要贡献，对于早期党的巩固和发展也起了重要的作用。蔡和森的建党思想和建党活动的统一，使得他当之无愧地成为中国共产党的创始人之一而载入史册。

（本文选自《北京日报》）

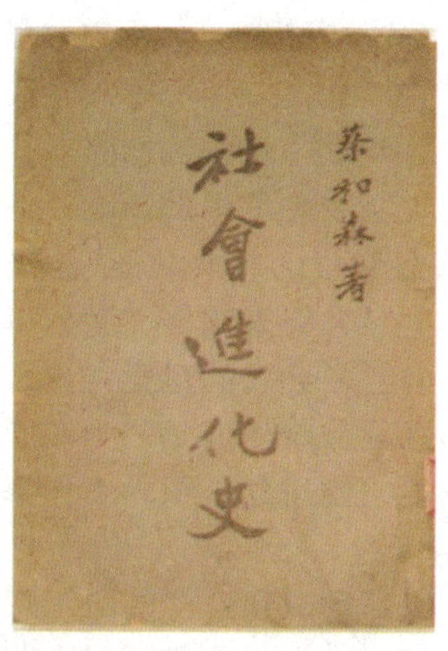

蔡和森著作《社会进化史》

毛泽东三湾改编，将支部建在连上

文 / 张涛之

湘赣边界秋收起义后，毛泽东率部向罗霄山脉中段转移，1927 年 9 月 29 日部队开到江西永新县三湾村。在进村的当晚，毛泽东在“泰和祥”杂货铺召开中共前敌委员会扩大会议，讨论部队现状及其解决的措施，决定对部队实行整顿和改编，这就是著名的三湾改编。

三湾，是江西永新县的一个万木苍翠、群山环抱的小山村。这里远离国民党大部队，起义军总算可以喘口气。部队住进了民房，开始休整。三湾村来了一支身份不明的军队的消息很快传到井冈山上的山大王袁文才和王佐那里去了。

部队在休整，但毛泽东却不能休息。下一步怎么办？一是要整编部队，二是要打通袁文才、王佐的关系。两件事中有一件办不好，以后都难以在井冈山站住脚。现在首先要办的事是整编部队。

秋收暴动时共有三个团，几千人，而现在只剩下了七百多人，番号繁杂，编制凌乱，士气低下，必须整编才能提高士气。七百多人的队伍勉强够编一个团。这个工作比较好办。现在关键的问题是采取一种什么办法，切实保证把部队置于党的领导之下，保证部队可以历经艰险而不溃散。

毛泽东读过很多历史书，是个把中国历史读透了的人。在湖南第一师范学习时，毛泽东特别喜欢国文和历史这两门课程。中国的古典文学名著，基本上也是历史著作。毛泽东在校期间，把大部分时间用在阅读背诵研究中国古典文学著作和史学著作上，他的史学论文和国文总是名列前茅，他用文言文写的论文总是得到国文教师“袁大胡子”的推崇。但数理各科，毛泽东甚少关心，总考不及格。至于图画手工课，毛泽东更不感兴趣。有次图画老师让学生写生，毛泽东在一张纸上画了一条直线，上面再画上半个圆，题了一句李白的诗“半壁见海日”就交上去了。

兵书是中国古籍的重要内容，毛泽东读过很多兵书，知道兵家带兵的各种办法。

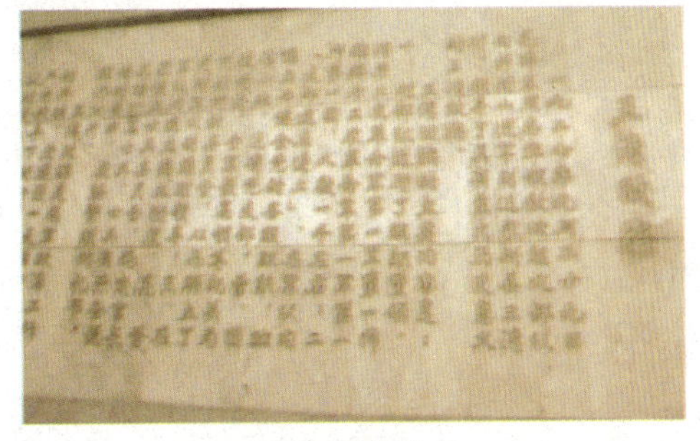

三湾改编刻文

毛泽东在油灯下来回踱着，抽着烟，过滤着历史沉积下来的经验教训，又想到了一团。这个团除战死者外，逃跑者甚少，什么原因使得团队屡经挫折而不散呢？他解剖着这个典型，从历史的角度审视着团队，终于解开了这个谜。原来一团里共产党员甚多，许多共产党员还担任着指挥职务，其中一部分还是军校生和大学生，文化水平、理论修养均较高，形成了各营连的团结核心，使团队保持了团结。

分析到这里，毛泽东脑海里闪过一道电光，思考升华了——这是团结部队的好办法啊！毛泽东为找到这个办法兴奋不已，连夜找何长工、罗荣桓、宛希先、何挺颖等共产党员商议，决定在连队建立中共党支部，设立党代表。毛泽东严肃地说："你们都要做党代表，要做到连有支部，排有小组，班有党员。只有这样，才能保证部队始终处在党的绝对领导之下。"

经过充分的酝酿，毛泽东在三湾开始整编部队。他把八百残军整编为一个团，原来的三个团整编成两个营，任命何长工等人分任营长或营、连党代表。连队建立支部，排设小组。为了使每个班都有党员，对各营的党员分布做了调整。在营建立总支，团建立党委。团、营、连党代表兼任书记，部队的重大行动必须经党的组织讨论决定，党代表同样有带兵权，确立了党对军队的绝对领导。在部队中实行民主制度，规定官长不打士兵，官兵待遇平等。又在部队中建立了士兵委员会。

部队整编后，情绪开始稳定了，宛希先、何长工、罗荣桓等营连党代表忙着建立支部，在指挥官和士兵中挑选优秀分子，发展党员，部队出现了一种新气象。

三湾改编，为把我军建设成为新型无产阶级军队初步奠定了基础。

（本文选自《中国人民解放军演义》）

杜介厘——一个老兵的抗战传奇

文/衡元庆

杜介厘

杜介厘，1916年生，山东郓城县人。1935年参加西北军第三路军，1937年底随八十一师参加对日作战，1939年参加八路军。

这位身经百战的老兵在抗日烽火中有着怎样难忘的经历？且看他这一个一个亲历的传奇故事……

1935年，第一部完整采用有声电影手段拍摄的影片《桃李劫》在全国各地上映。片中由田汉作词、聂耳作曲的《毕业歌》，充满着鼓舞人心的巨大力量，激励着一代又一代人前仆后继、报效祖国——

同学们！
大家起来！
担负起天下的兴亡！
……
我们要做主人去拼死在疆场
我们不愿做奴隶而青云直上！

正是在这一年，十九岁的杜介厘从

家乡出发，参军入伍，奔赴抗日第一线。

初战失利，死人堆里捡条命

1937年底，侵华日军加速了旨在灭亡中国的战略行动，占领平津的日军沿津浦线南侵山东。鲁西北重镇德州、省会城市济南相继沦陷，杜介厘所在的八十一师也从济南退守到单县一带。

这年的农历正月，为阻止日军继续南下，杜介厘所在的八十一师决定夺回汶上县城。事前侦察得知，城内只有日军矶谷师团一部约六百人，孰料在行动前的头一天，日军增加了一千五百多人的兵力，形势突然变得严峻起来。子夜时分，杜介厘随八十一师三营三百六十多名战士摸到城下，攀上木梯翻越城墙。

杜介厘跟三营攻进城内后，沿着墙根往前冲，突进不到一百米就遭遇了日军猛烈的炮火阻截。顿时硝烟腾起，尘雾弥漫。日军“歪把子”机枪射出的子弹像雨点似的打来，身边的战士成片倒下。一颗子弹从杜介厘的指缝穿过，击中手臂，连着肉皮把手里的枪也击落下来。激战至翌日黎明时分，率队冲锋的旅长唐邦志见部队损失惨重，破城已无希望，只得下令撤退。

满腔义愤的杜介厘向日军射出了最后一发子弹，然后转身从死去的战友身上取下一颗手榴弹扔向敌群。日军的子弹在他身旁呼啸而过，墙上立即出现蜂窝状的窟窿。逼人的气浪持续地在耳中汹涌，同时撞击着他的胸口。当他咬紧牙关爬上城墙向下望时，才发现墙头离地面足有三丈高，墙边的木梯断的断、倒的倒，不少士兵正慌不择路地往下跳，墙下横七竖八地躺着尸体，黑黢黢的墙石、黑黢黢的人体笼罩在一片稠厚的暗红色彩之中。杜介厘猫着腰继续向前挪，瞧准一堆尸体闭眼纵身一跳，他跌倒了，趴在那里不能动弹。约莫过了一阵，他竟摇晃着从死人堆里站了起来。这时，

他才感到左手一阵剧痛，浑身上下像散了架似的，军服也被鲜血染红。

当晚，八十一师阵亡官兵八百余人。杜介厘所在的三营一连仅剩下十三人，全班只有他和另一名战士幸免于难，但都不同程度地受了伤。负伤挂彩的杜介厘不得不离开部队，回到山东郓城老家养伤。

机智报警，抗大师生虎口脱险

1938 年 4 月，日军占领郓城。伤势刚愈的杜介厘从家中翻出三支藏匿的步枪，在当地组织了一支抗日义勇队。不久，杜介厘和他的抗日义勇队利用地形

三八式步枪

成功地伏击了一小股日伪军，缴获一挺机枪和一批“三八大盖”（三八式步枪，一种手动步枪。因其枪机上有一个拱形防尘盖有如盖子般而得名），壮大了革命队伍。为了更好地打击敌人，杜介厘的抗日义勇队归入八路军东进支队，他被先后任命为区队长、八路军独立营二连连长。1941 年 2 月，组织上抽调杜介厘去抗日军政大学冀鲁豫分校学习。

抗大是共产党为培养抗日骨干力量而设立的专门教育机构，学员大多是各抗日根据地连以上干部，在抗日烽火中成长起来的栋梁之材。这面在抗日烽火中猎猎飘扬的光辉旗帜，为中华民族夺取抗战胜利作出了不可磨灭的历史性贡献。抗大冀鲁豫分校设有两个军事队、两个政治队和两个民运队，共有学员七百多人。当时的校长是朱志伟，政训部主任是袁孝汾，杜介厘所在的军事队队长是王凡。在抗大分校两年的培训期间，杜介厘不仅学到了基本的文化知识，领会了我党建立抗日民族统一战线的有关政策，还掌握了一些游击战术和军事技能。

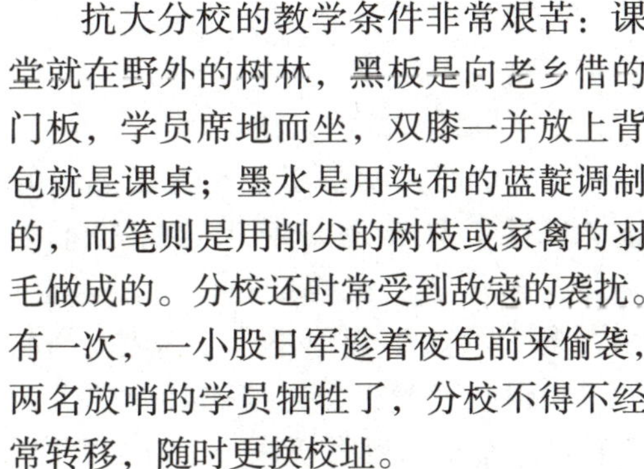

抗大分校的教学条件非常艰苦：课堂就在野外的树林，黑板是向老乡借的门板，学员席地而坐，双膝一并放上背包就是课桌；墨水是用染布的蓝靛调制的，而笔则是用削尖的树枝或家禽的羽毛做成的。分校还时常受到敌寇的袭扰。有一次，一小股日军趁着夜色前来偷袭，两名放哨的学员牺牲了，分校不得不经常转移，随时更换校址。

1941 年 5 月，分校转移到了东阿县绿豆村。当月下旬的一天夜里，杜介厘和山西籍学员吕凤山被安排到离村口一里地的哨位站岗。上岗前，杜介厘就提议不要蹲在预设的掩体内，而是要把哨位挪到十米外的枣树林里。拂晓时分，前方浓密的高粱地里突然传来沙沙的响声，大片的高粱秆也不住地晃动。吕凤山开初还以为是刮风，而杜介厘则立即作出了机警的判断：“不对，这肯定是小鬼子偷袭！你瞅咱们头上的枣树叶儿为啥一动不动？”话音刚落，七八个日伪军哗啦一下扑向哨位掩体，谁知却扑了空。趁敌人还未回过神来，杜介厘他俩就扔出了两枚手榴弹。随着两声巨响，高粱地一下子冒出黑压压的一大群日伪

中国人民抗日军事政治大学

军，四下里顿时枪声大作。

激烈的枪声惊醒了正在村里熟睡的抗大师生。杜介厘与前来接应的军事队二百多位学员沉着抵抗，且战且退；四百多个敌人则紧追不舍，咬住不放。为了吸引敌人的火力，掩护其他学生安全转移，军事队有意朝另一个方向撤离。当撤至三里外的一个村庄时，队长王凡正打算重新集合队伍，这时冷不防一粒子弹突然袭来，击中了班长常凤达的头部，霎时血流如注。指导员扑上去想扶起他，也不幸中弹牺牲。王凡于是迅速将队伍带进村后的青纱帐里，才摆脱了敌人的追击。

事后，抗大分校专门就此召开了总结表彰会，杜介厘受到了校领导的口头嘉奖。校长朱志伟表扬道："这次多亏杜介厘机智勇敢，否则，首先遇害的就该是他，我们恐怕也都难逃此劫。"

临危受命，突破日军"铁壁合围"

1942 年初，抗大毕业后的杜介厘回到部队，不久升任八路军冀鲁豫军区第二分区独立团侦察参谋。当时二分区辖鲁西南范县、鄄城等十二个县，各县都先后成立了抗日民主政府。

从这一年开始直到 1943 年底，抗战进入了最艰难的岁月。日军在华兵力的 75% 和全部伪军都用于对各抗日根据地展开更为残酷的军事进攻，并开展所谓的"治安强化运动"。这是日军从军事、政治、经济、文化各方面向华北抗日军民全面进攻的新阴谋，是敌"治安肃正"计划进一步的发展，"总力战"进一步的实施。敌人建马路、修据点、筑炮楼、挖封锁沟，并抽集机动兵力对我抗日根据地进行疯狂的"扫荡"，所到之处实行惨无人道的"三光"政策，企图歼灭我军、摧毁根据地军民的生存条件。加之华北连续干旱，一些地方颗粒无收，抗日军民忍饥挨饿，有时只能用野菜树叶充饥，根据地的斗争进入极其艰难的时期。这期间，杜介厘所在部队战斗减员和自然减员都很大。

党中央毛主席指出 1941 年以后抗日根据地的困难是"黎明前的黑暗"，鼓励全党全军增强团结、克服困难、积蓄力量、争取胜利，并且宣布了《关于抗日根据地土地政策的决定》《关于统一抗日根据地党的领导及调整各组织间关系的决定》和《关于领导方法的决定》，强调了必须彻底实行"精兵简政"，使战争的机构适应战争的形势，要求各个根据地都要展开大规模的生产运动和整风运动，指出这将会发生根本性质的效果，使我党立于不败之地。为了应对这严峻的局面，根据地依据党中央毛主席的指示，军分区缩编为独立团，营精减为连，连精减为排。部队化整为零，以排为单位坚持开展游击战。

1943 年 10 月 12 日，日军调集了三倍于我军的兵力，对巨野、菏泽根据地实施“铁壁合围”战术。分区独立团团长杨育才、政委关圣志及两个连战士共三百余人，在安兴陷入了日军的重重包围之中。敌人出动骑兵，从四面八方气势汹汹地扑了上来。

独立团作战参谋马德担负起了指挥任务，他带领全体战士朝一个方向猛突。机枪、步枪、手枪一起发射，弹光闪闪，犹如海潮般轰鸣，好不容易打开一道口子，但马上又被两旁蜂拥而来的日军给堵上了。敌人密集的炮火在前方交织成了一张死亡之网，日军的骑兵也不时向突围的人群冲过来挥刀乱砍。不到十分钟，就有上百名战士倒下，没有突出去一个人。马德也在组织第二次冲锋时身中数弹，壮烈牺牲。

眼看着日军逼得越来越近，包围圈缩得越来越小，剩下的战士即将遭受灭顶之灾，团长急忙叫杜介厘代替指挥。在这万分危急之际，杜介厘灵机一动，举起驳壳枪大呼一声：“各连以班为单位分散突围！”他护着团长、政委及警卫员，带头向日军的侧翼冲去。其他战士也纷纷调头，分别向四处突围。

杜介厘他们一口气跑了十里地，接连击毙两名追赶上来的日军骑兵，才逃脱这场大难。后来回部队清点人数，才知道这次突出重围的八路军战士，只有四十三人。敌人的“铁壁合围”，充斥着雷霆与血腥，充斥着尖啸与惨叫，我军二百多名战士壮烈牺牲。而那来自石缝、来自泥土、来自断桩的轰然声响，将永远回响在杜介厘的耳畔。

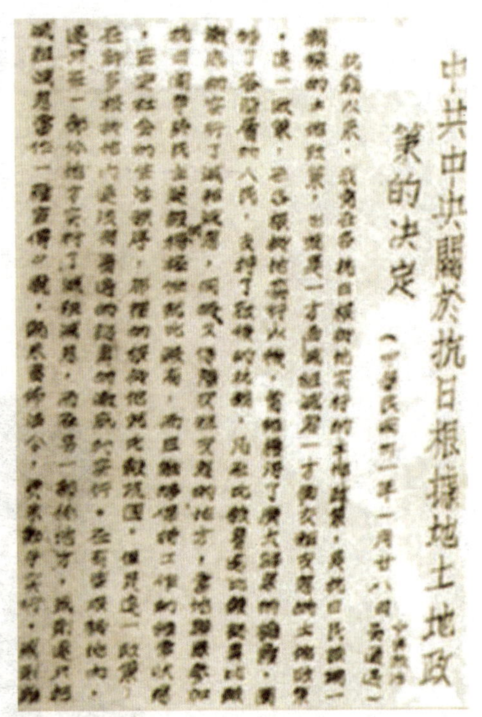

中共中央關於抗日根據地土地政策的決定

中共中央关于抗日根据地土地政策的决定

在抗日战争的烽火岁月里，杜介厘身经百战，戎马倥偬。1945年8月，杜介厘终于和战友们一起迎来了抗日战争的胜利。抗日战场上这难忘的点点滴滴，凝蓄成红色琥珀，在那段峥嵘时光里熠熠生辉。

（本文选自《红岩春秋》）

击毙阿部规秀

——追记湘中名将陈正湘

文／文热心　段云行

陈正湘

1939年11月7日，日本“名将之花”阿部规秀凋落在太行山上。

“摧花”者，正是湘中名将陈正湘也。

布个“口袋”让敌钻

1939年初秋，日军华北方面军以两个师团、两个独立混成旅团的兵力，对晋察冀边区进行秋冬季大“扫荡”，其中第二独立混成旅团矛头直指晋察冀军区第一分区。

“兵来将挡，水来土掩”，军区首长命令各部队做好反“扫荡”准备。陈正湘时任晋察冀军区第一分区一团团长。一团是军区主力团之一。

11月1日晚9时，一分区杨成武司令员给陈正湘打来紧急电话：据可靠情报，涞源日军准备分路合击我军；军区聂荣臻司令员指示，一分区要集中主力，利用雁宿崖至三岔口峡谷地段，首先歼灭日军左路主力。杨成武接着命令陈正湘，率团“在一小时内由现地出发……如敌情无变，应于明日拂晓前隐蔽进入雁宿崖、三岔口东山伏击阵地……”

当夜10时许，陈正湘告别新婚宴尔的妻子，集合一团，进行简短动员后，率部沿着山间小路，在蒙蒙的雨夜里开进。

第二天中午，陈正湘带几个人先去

雁宿崖东山勘察地形。只见从涞源到银坊只有大小各一条道，过了内长城，两边都是高山，中间夹着弯曲的河床。从三岔口到张家坟一带，山高谷深，河沟宽仅一二百米。雁宿崖是一长达几百米的悬崖峭壁，坐落在三岔口和张家坟的河床西岸。崖下是有几十户人家的雁宿崖村。村东边是连绵起伏的山地，海拔一千多米，西面是一千多米的银石山。这种地形是天然的“口袋”，日军进入后，八路军只要南堵北截，他们便插翅难逃。返回途中，陈正湘思考着明日的行动方案，取胜之心更加坚定。

阿部骄闯晋察冀

来者何人？阿部规秀！在日军中有“名将之花”、擅长“新战术”的“俊才”、“山地战专家”的光环。他以伪“蒙疆国驻屯军总司令”身份，接替1938年被八路军击毙的常岗少将，统率日军精锐之师第二独立混成旅团。1939年10月2日，阿部刚晋升中将，急欲报效天皇，10月中旬即率部进攻晋察冀边区。

临出发前，他给东京的儿女写信说：“爸爸今起去南边战斗，回来的日子是11月13、14日，虽然不是什么大战斗，但也是一场相当规模的战斗，8时30分即乘汽车从涞源出发！我们打仗的时候是最悠闲而且最有趣的，他们已经逐渐衰弱下去了，再使一把劲就会投降。”

信发出后，阿部规秀即率旅团主力一千五百人，分乘九十辆汽车从张家口到达涞源城。

10月31日，阿部在作战会上部署：兵分两路，提起中佐率独立步兵第四大队，从插箭岭进攻走马驿；辻村宪吉大佐率独立步兵第一大队从白石口进攻银坊。11月2日午夜以后行动。

日军的行动计划被我情报人员所获，也就成为利用雁宿崖、三岔口峡谷布置“口袋”设伏的依据。

正湘智诱“花”上岭

11月3日早晨，陈正湘率部在雁宿崖东山与日军作战。经过一天激战，与兄弟团队共同歼灭辻村大佐部六百余人，只剩辻村等人化装逃脱。辻村大队遭歼灭后，阿部规秀恼羞成怒，于11月4日凌晨亲率第二、四大队，向一分区腹地扑来，欲寻找八路军主力进行报复。

陈正湘“接招”，命令一团二营、三营从4日中午到6日黄昏，紧紧拖住敌人，利用有利地形，巧妙地与敌周旋：忽而坚决堵击，忽而大踏步后撤，像翻飞的鹞子紧紧缠住猎物不放，使阿部规秀既求战不能，又追赶不及。阿部规秀在又损兵二百余人后，气得暴跳如雷，“名将之花”失去了冷静，果然上钩，转向东进，被诱至八路军既设战场——黄土岭。

八路军决心歼敌于黄土岭地区。杨成武根据聂荣臻的意图，即令陈正湘一团，11月7日拂晓占领寨头西北一线山头阵地，令分区迫击炮连赶到寨头，配属一团，令二十五团赶到寨头归一团陈正湘指挥。陈正湘迅速调动部队，抢占寨头西南七九三主峰阵地，并将团指挥所设在上面。

11月7日8时许，日军主力沿黄土岭以东河沟缓慢跟进。当日军先头部队正向寨头开进时，陈正湘率一团从正面　　寨头方向予敌以迎头痛击。与此同时，参战各团也分别从其他方向陆续赶来，扑向敌人。

激战至下午4时，日军伤亡过半。

陈正湘在指挥所用望远镜瞭望整个战场。突然，一个情景进入镜头，让他好不惊喜。

发现日军指挥所

陈正湘发现了什么?

日军主力密集在教场东西山谷的河滩中，正在组织兵力抢占孤石山高地西南、教场北偏西的山头及教场南面山脚一线狭窄的山梁，在南山根部东西间的山梁，有三个向北凸出的小山包。陈正湘发现中间那个山包上有几个挎战刀的日军军官和几个随员，军官们正举着望远镜向我高地及上庄子方向观察。在教场小河沟南面距南山小山头几十米左右的独立小院内，有不少日军出出进进。根据观察的情况，陈正湘判断独立小院是日军的指挥所，南面小山包则是日军的观察所。陈正湘当即令通信主任邱荣辉跑步下山，向炮连杨九坪连长传达命令：调迫击炮迅速上山，在团指挥所左侧立即展开，隐蔽地构筑发射阵地，准备炮击这两个目标。

四发炮弹毙阿部

当炮兵连进入阵地、杨九坪和炮兵到指挥所领受任务时，陈正湘给大家示范，用望远镜指着那两个目标，问迫击炮能否打到。杨九坪目测距离后说："直线距离约八百米，在有效射程之内，保证打好。"当炮手们迅速做好准备后，陈正湘再次要求，必须一次就将那两个目标摧毁。随即，陈正湘抬起右手向下一甩，并喊道："打！"四发炮弹呼啸着飞向高空，在目标点爆炸。

爆炸声在群山中回响，当硝烟在目标地消散后，陈正湘又在望远镜中看到了这一幕：小山包的日军拖着死尸和伤员慌忙滚下山去，独立小院的日军也跑进跑出，异常慌乱。

另一个当事人李二喜回忆：当他携带火炮赶到了炮位后，以最快速度测距定向，调整炮位。随着一声令下，他手起弹出，连发两发。不偏不倚，炮弹在小院炸开了花。随后，他又眼疾手快地调整炮位，朝小山包打掉了仅剩的两发炮弹。

当时，陈正湘、李二喜还不知道，他们已经在抗战史上写下辉煌的一笔：炮弹下毙命的日军"名将之花"阿部规秀，是抗战以来八路军击毙的日军最高级别将领。

（本文选自《湖南日报》）

黄克诚在盐阜区二三事

文/王　荫

黄克诚

黄克诚同志是湖南永兴县人，1902年10月1日出生于油麻圩下青村。1923年参加革命，1925年入党，参加了北伐、湖南农民起义和长征，以及抗日战争与解放战争，为中国人民解放事业和社会主义建设事业，立下了不朽的功勋。

在“抢救”运动中抢救干部

1942年1月20日至3月5日，中共中央华中局第一次扩大会议在阜宁县单家港小学召开。到会正式代表有华中局全体委员，各战略区党政军负责人等共二十六人，另有六十人列席。刘少奇作《目前形势，我党我军在华中三年工作的基本总结及今后任务》的报告，陈毅作《论军事建设》的报告。身为新四军第三师师长兼政委的黄克诚在大会上作了两次报告：一是《三师与盐阜区》的工作报告；二是《关于军队建设政治工作问题》的报告。在讲到干部问题时，他特别强调了使用干部和爱护干部的两个方面，使用干部应注重德才兼备，注重干部的党性、知识性和独立工作能力；对干部要爱护，不仅要关心他们的生活与健康，使之能够在艰苦的经济条件下和严酷的战争环境中坚持工作，更重要的是注意从政治上爱护，平时发现干部思想上的不良倾向苗头，要及时进行教育、批评、帮助，不要平时不关心，或者平时看到干部有什么问题当面不说，记在心里，到时候一起算总账。在谈到审查干部和锄奸问题时，他强调要区别对待，重证据不轻信口供，宁可错放，不可错杀，注意纠正违反政策行刑逼供的现象等。黄克诚的报告受到与会同志的称赞。华中局还把他的报告作为“华中我军政治工作的根据”发表在《真理》1942年第八期上。

1943年四五月间，中共中央在整顿党的作风的同时，进行一次普遍的审查干部的运动，在康生的主持下布置各级党政军机关开展所谓抢救运动。华中局和新四军军部召开会议，贯彻执行中央的决定，布置开展“抢救”运动。会议期间，黄克诚向华中局和军部建议，华中不要搞“抢救”运动了，以避免发生逼供、伤害无辜同志之类的事，要接受中央苏区打“AB团”（反布尔塞维克）的教训。他的建议未能得到采纳。

黄克诚从华中局开完会回来之后，心情很不平静，他回顾党内历次搞肃反，总是出现扩大化的偏差，有过许多惨痛教训。眼下大敌当前，根据地军民正在与敌伪顽军浴血奋战，在这种情况下开展“抢救”运动，搞不好会给革命事业带来不应有的损失。但是上级有布置，又不能不搞，黄克诚为了稳妥起见，他先抽调一批干部办训练班，同时在第七旅小范围内试行“抢救失足者”。黄克诚亲自去七旅实地考察，掌握动向。七旅被“抢救”的几个人开始在软逼的情况下表现有点不正常，后来被抓起来一审讯，就乱招口供，简直不着边际，搞得人心惶惶。黄克诚看到这种情况，就认为不对头了，又犯“老毛病”了，他与七旅旅长彭明治、副旅长田文扬、政委朱涤新、旅政治部主任郭成柱开会商定立即停止搞“抢救”，把被“抢救”的人统统释放，做好善后工作。事实证明搞“抢救”运动的做法行不通。黄克诚心中有了底，便下定决心，立即通知苏北各地委（黄兼苏北区党委书记）和三师各部队一律不开展“抢救”运动。如果发现可疑情况，可按照正常渠道，由主管部门处理解决。在整风运动中，只搞正面教育，提倡主动反省，不准逼供、诱供。这样，苏北各地区和第三师部队在整风运动中，既达到了教育干部的目的，又避免了许多冤假错案，使军队和党政机关干部吃了定心丸，而大胆地放手工作，极大地提高了战斗力。事实证明，广大干部是好的，经过抗日战争和解放战争的考验和洗礼，没有发现什么严重问题。

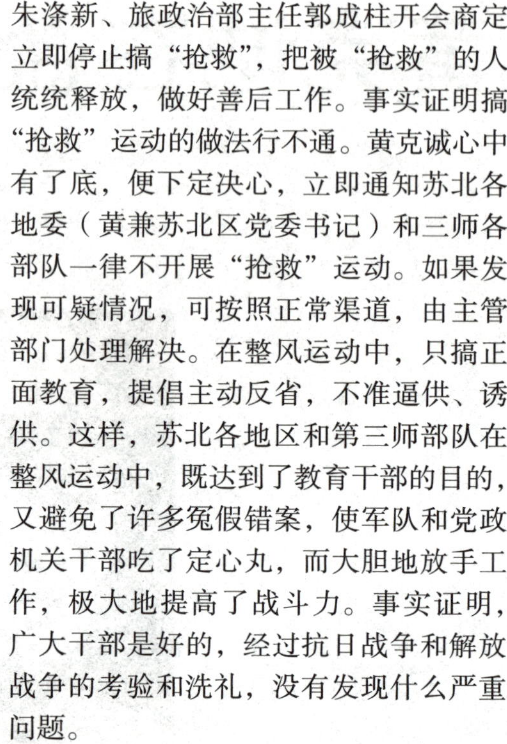

此外，黄克诚还接到华中局电报，要他立即将第三师政治部保卫部长杨帆逮捕，押送华中局，并说明是延安有人供出杨帆是特务，需要逮捕审查。黄克诚因对杨的情况未经证实，觉得不能贸然执行逮捕，就告诉杨帆说华中局要他去开会，并派部队护送他前往。杨帆一到华中局驻地，就被关押起来。后来查清他是受了冤枉，时任华中局书记的饶漱石将杨帆释放，并向他道歉。

保护文化精英

1942年，新四军驻在苏北盐阜区阜宁县陈集区停翅港时，为了加强军队和根据地的建设与文化建设，陈毅通过上海地下党与外地党组织宣传动员了一批有名望的进步知识分子与文化艺术精英来军队和地方工作，或来解放区考察。

我国著名的“七君子”之一的爱国民主人士、新闻出版家邹韬奋先生，也

是当时来解放区的名流之一。邹韬奋本名恩润，江西余江人，生于1895年11月5日，毕生从事新闻出版工作。抗战初期，他在香港办宣传抗日期刊《大众生活》等报刊。香港沦陷后，在我地下党的掩护下，从香港到广东东江辗转到上海，再由上海地下党组织护送过江，通过敌人封锁线，于11月到南通骑案镇后，又转移到东台三仓河，受到第一师师长粟裕与刘炎等领导的热情欢迎。

新四军军长陈毅转移到淮南盱眙县黄花塘时，得知邹韬奋已抵苏中解放区，特致电住在阜宁县羊寨乡孙何庄的第三师师长黄克诚，委派盐阜行署文教处处长戴伯韬（白桃）专程去苏中一师所在地，于12月底将邹先生接到第三师师部来。邹先生到达孙何庄时，受到黄克诚师长、张爱萍副师长以及盐阜区党政领导及文化界著名人士的竭诚欢迎。张副师长在欢迎会上还赋诗一首。诗云：

报国志气冲斗牛，
笔走龙蛇岁月稠。
苏北敌后得幸会，
感君正气心相投。

黄克诚得知邹先生体质欠佳，于是就安排他住在师部，便于军医给予治疗。邹先生来此半个月，经常深入部队、机关、学校、农民家中走访，与他们谈家常，了解他们在部队、学校和家庭生活状况与地方民俗风情，耳闻目睹了根据地人民生活虽然贫困艰苦，但在中国共产党的领导下，过着没有人压迫人、人剥削人的民主自由的平等生活；新四军是官兵平等，同吃一锅饭，同吃一样菜，住在老百姓家里，遵守“三大纪律八项注意”，帮助群众干活挑水扫地；而群众组织妇救会亦帮助军队缝洗衣服被子，做军鞋慰劳军队。根据地军爱民，民拥军，亲如一家，同仇敌忾，抗击日军的生动局面，使他对中国共产党充满了希望，认为只有共产党才能救中国。他在写给陈毅军长的信中说：

“过去十年来从事民主运动，只是隔靴搔痒，今天才在实际中看到了真正的民主政治。”

1943年初，日伪军即将对我盐阜区进行第二次大“扫荡”。黄克诚为了邹先生的安全，派保卫部长杨帆与警卫连长杨绪亮同警卫连三十多名荷枪实弹的战士，护送他到百里以外阜东县临淮乡离海边不远的小岭堆葫芦尖爱国民主人士杨芷江先生家。

杨芷江，名湘，别号欠叟，生于1890年农历四月二十七，溧水县人，先祖因经商来到阜宁县东坎镇定居，后因战乱移居到阜东县杨庄。杨芷江青年时饱读诗书，曾在外地为官，因官场腐败不堪，他怀着忧国忧民之心而回家乡隐居。

盐阜区解放后，杨芷江积极拥护中国共产党的抗日主张，当选为阜宁县、阜东县暨盐阜区的参议会副参议长，还是陈毅军长倡导的《湖海艺文社》发起人之一。杨芷江与陈毅、黄克诚、张爱萍、曹荻秋、宋乃德等党政领导人和爱国民主人士交往甚密，经常书信往来，诗文唱和。

杨芷江得知杨帆部长亲自送来一客人，连忙走出门外把客人与杨部长接至客厅就座。杨得知客人就是大名鼎鼎的邹韬奋先生时，非常高兴地说是以前虽未谋面，却是久闻大名，今日相会真是三生有幸。杨帆将黄克诚的亲笔信交给杨芷江。杨阅后说：“你将客人送来寒舍休养，这是黄师长对我杨芷江的信任，不管形势如何恶化，只要我杨芷江不死，我一定负责客人的安全，请转告黄师长放心。”以后形势紧张时，黄克诚派人送信给杨芷江，请他一定要保护好邹先生。杨见信后，当即给黄克诚复信：“我在客人在，与客共存亡。”

杨芷江当即派亲信王贯三经理妥善安排客人的食宿，杨府上下只知客人是李尚清先生，而不知他是邹韬奋。

在此“打埋伏”的还有上海著名音乐家贺绿汀，《长江日报》著名的大胡子记者车载等二十多名干部。

在杨芷江的关照下，邹韬奋在杨庄住了十多天，觉得耳炎好多了，他打算写部长篇报告文学《苏北印象记》。

2月18日，日军集结日伪军到废黄河两岸大“扫荡”，还到樊集、临淮乡杨庄等地“围剿”新四军与“打埋伏”的干部，由于杨芷江精心保护，终于脱离险境。

没几天，邹先生耳病又发作了，黄克诚为了邹先生的耳病早日康复，安排船只送他去苏中，转请粟裕师长派人送他去上海治疗。临行前，张爱萍受黄克诚委托，亲往海边为邹韬奋送行，除赠送盘资外，还赋诗一首。诗云：

义愤填膺荡寇仇，
君染沉疴志未酬。
我军掩护解重难，
就医千里送行舟。

黄克诚对爱国民主人士如此器重，以礼相待，充分体现了中国共产党的领导干部尊重人才、关心爱护知识分子的高尚情操。

为农家拾粪

1942年初春，新四军第三师部队分驻在阜宁县益林、东沟、风谷、罗桥等一带农村的群众家中，他们严格执行“三大纪律、八项注意”，深受群众的拥护与爱戴。第三师师长兼政委黄克诚住在罗桥村农民张学成家。他每天起早外出锻炼身体，身穿灰色旧棉军装，头戴旧军帽，在田野中散步，呼吸新鲜空气。看似文质彬彬的黄克诚，虽是四十多岁的人，历经多年戎马倥偬的战斗生活，身材瘦了些，但精力还是充沛的。

黄克诚在田头散步时，忽然闻到一股臭味，他低头张望，原来是鞋底踩上狗屎了。黄克诚边走边想，阜宁农村几乎家家养狗看门守户，狗多狗粪多，但拾粪的人却很少。“庄稼一枝花，全靠肥当家”，这个问题一定要解决。

第二天早上，庄上有几位老人，在牛屋墙根晒太阳聊天，捉牛虱子。他们看到黄克诚背着粪兜子从远处走来，感到惊讶！见面时相互打招呼后，黄克诚放下粪兜子同他们聊天，从田里麦苗长势谈到积肥的好处，几位老农都说对。黄克诚笑眯眯地背起粪兜子走向张学成家屋后，把大半兜子狗粪倒进他家茅厕缸内。

这时，几位老人议论说是“大老头子”（当地对自己人的尊称）是共产党军队的大师长，没得一点架子，工作一天忙到晚，还起早为张学成家拾粪垭田，我们种田人反在这里晒太阳聊天，真不像话。几位老人商议后，第二天也背起粪兜子下地拾粪了。

第二天五更头里，张学成起身准备拾粪，粪兜不见了。他认定是被“大老头子”拿去了，没想到黄克诚比他起得更早。

黄克诚拾粪的事传开了，在军队和

地方上成为一条特大新闻。军队干部和地方干部在无声命令的影响下，都背起了粪兜拾粪和参加挖黑土的行列，掀起了春季积肥的热潮。

黄克诚与群众打成一片，他领导的军队，严格执行纪律制度，都是人民的子弟兵，因此，赢得了广大人民群众的爱戴与拥护。人民群众努力生产交公粮，参军参战做后勤，抬担架，车轮滚滚支前忙，帮助军队打胜仗，期盼早日打垮“小东洋”。

黄克诚领导的新四军第三师部队，在开辟苏北抗日民主根据地至抗战胜利的5周年中，同敌寇及反动顽军韩德勤军队共作战五千余次，歼敌六万余人。我军由两万余人发展到七万余人（包括主力与地方部队），在战斗中伤亡一万余人，开辟了拥有四万多平方公里的土地和八百多万人口的解放区。

赠画为黄克诚送行

1945年秋天，驻扎在盐阜区与人民同生死、共患难的新四军第三师黄克诚部队，接到党中央的命令，奉调到东北，接收日军的武器装备，保卫人民的胜利果实，创建东北抗日民主根据地。消息传出后，盐阜人民依依不舍，盐阜区各县都组成各界人士慰问团，敲锣打鼓，肩挑、车拉、船装鸡鱼肉蛋等副食品到新四军第三师驻地去慰问欢送。

建阳县（今建湖）慰问团到阜宁益林南窑第三师师部去慰问，爱国民主人士、国画家杨幼樵任副团长，他亲自为黄克诚送行，还赠给黄克诚一幅国画。黄克诚接过一看，画面左前方是三头威武雄壮的雄狮在前进，雄狮后头跟着一队走得整整齐齐的小狮子，所有狮子身上都是黄色。黄克诚知道画的用意：前面三头雄狮代表第三师，黄色的狮队就是黄克诚部队——黄师。画的上面还题有“雄师北上”四个字。黄克诚看画后，紧握着杨幼樵的手说：“谢谢你的鼓励。我们决不辜负盐阜人民的期望，一定完成党中央和中央军委交给我们北上的任务，夺取革命战争的最后胜利。”

黄克诚在革命斗争中不仅工作勤奋，善于思考，且直言不讳，坦率真诚，光明磊落，具有大海一样的胸襟与崇高的精神境界。他的一生是战斗的一生，是坎坷不平的一生，也是赢得人民崇敬与怀念的一生。

（本文选自《中华魂》）

晚年黄克诚

杨静仁与回民骑兵团的成长

文/马　克

回民骑兵团参谋长杨静仁

1938年至1941年，甘肃西海固地区的回族群众连续发动了三次武装起义，前两次均被镇压以失败告终；第三次起义也遭到了残酷的镇压。但起义军残部接受了中国共产党的领导，从而将这支革命的火种保留了下来并发展壮大，这与杨静仁的工作是密不可分的。

顾全大局，起义军接受共产党改编

甘肃省西吉、海原和固原地区地处西北贫瘠山区，经济文化落后，群众生活十分困难，在当地土豪贪官的压榨下，更是民不聊生。当年红军长征途经这里时，由于红军纪律严明，尊重回民风俗习惯，认真宣传贯彻了党的民族平等、宗教信仰自由政策，特别是在同心、海原曾建立了豫海回族自治县，在当地回汉群众中留下了深刻的影响。抗日战争全面爆发后，国民党坚持“积极反共、消极抗日”的政策，他们一方面以大军围困封锁陕甘宁边区，另一方面又压制回汉群众的抗日要求。他们取缔回民抗日组织，加以强拉壮丁，横征暴敛，践

延安鲁迅艺术学院

踏回民风俗习惯，遂激起了当地回汉群众的愤慨。1938年至1941年，当地爆发了三次回民武装起义。但因缺乏正确领导，组织纪律松懈又无后勤供应，前两次起义都在国民党的血腥镇压下失败。

1941年3月举行的第三次武装起义，比前两次规模、涉及地区范围都大，起义军有数万之众，虽经艰苦奋战，但伤亡惨重，部队大部分溃散。所余残部数百人在旅长马国藩、团长马思义的带领下，经固原东山，从陕甘宁边区西部的环县进入陕甘宁边区。

回民起义军进入边区当即受到当地党政军领导及各族各界群众的热烈欢迎。驻庆阳专区的三八五旅旅长王维舟、副旅长耿飚、陇东保安司令部副司令白寿康、专员马锡武以及中共陇东地委段德彰、朱敏等领导同志特地接见了起义军领导人，并亲临驻地进行慰问。随后党中央又派陕甘宁边区联防司令部司令员萧劲光由延安到陇东慰问起义军，为牺牲的起义军战士送了“浩气长存”的金字挽幛。经反复协商，起义军同意将该部队编为陕甘宁边区抗日回民骑兵团，由驻陇东地区的三八五旅代管，部队驻含水县的蒿咀铺、柳沟一带。

7月中旬，团长马思义、副官马智宽、周尚义等到延安参观学习，在此期间他们参观了抗大、鲁艺、陕北公学，并在陕北公学的民族部（延安民族学院的前身），作了有关三次起义的报告。他们表示坚决拥护共产党和毛泽东主席的领导，受到各族同学的热烈欢迎。此时杨静仁恰在延安，在杨静仁的陪同下，他们在边区政府受到了毛泽东主席、朱德总司令、边区政府主席林伯渠等领导同志的接见。毛泽东对马思义勇于反抗国民党的反动统治，毅然进入边区接受党的领导表示欢迎。毛泽东说，回族人民在历史上曾进行过多次革命斗争，但都失败了，主要原因是没有一个先进阶级的领导。中国各族人民的解放包括回族人民的解放，必须在共产党领导下才有可能实现。毛泽东鼓励他们要努力学习，训练部队，不断提高部队的军事、政治、文化水平，加强同各族人民的团结，为回族人民的彻底解放做好准备。

解决矛盾，通过教育稳定部队情绪

为了帮助回民骑兵团解决后勤供应，陇东地委派熟悉回民群众生活习惯的魏一吾和回民干部周金红、周金山、何仲发等同志帮助工作。马思义在延安参观期间曾提出要求上级选派干部帮助教育部队，据此西北局决定派杨静仁为党代表领导该团全盘工作，同时派我到回民骑兵团任文化教员。7月下旬，我们离开延安随同马思义一起到达回民骑兵团当时的驻地。根据上级的指示，当时的主要任务是大力宣传党的民族平等、宗教信仰自由的政策，密切联系群众，深入调查部队内部情况，通过团结教育达到稳定部队情绪、逐步建立正常的生活学习制度的目的。

经过一段时间的了解，我们认为这两百多人的起义部队在名义上虽有班排连的建制，实际上是一盘散沙，仍保持着农民家族、宗教亲戚等多重关系，社会成分出身也很复杂。虽然起义部队中多数人是纯朴的笃信伊斯兰教的农民，但其中也有旧军队士兵、哥老会成员、小商贩、无业游民等。他们利用多数群众背井离乡、怀念故乡的情绪，不时煽动群众，伺机瓦解部队。加上当时旅长马国藩和团长马思义身边各有一部分亲信，往往因一些琐碎小事闹无原则的纠纷，矛盾时有激化。这些情况的存在致使部队情绪不安，局面混乱，根本谈不上进行教育训练。

杨静仁到该部后，面临的一个迫切需要解决的问题就是马国藩与马思义（旅部与团部）的矛盾。由于杨静仁能以身作则，带领来团的回汉族干部严格遵守回族风俗习惯，加之杨静仁平易近人，善于联系群众，宣传革命道理深入浅出，所以在较短的时间里即获得了群众的信任。而且当他们得知杨静仁是出生在兰州市的回族干部时，更增进了许多的亲近感。尤其是马国藩、马思义等主要领导深信，杨静仁是共产党派来真诚帮助他们工作的，是有远见卓识、有才能的干部。

此时，西海固又传来起义军亲属屡遭国民党军队搜捕残害的消息，群众义愤填膺，尤其是马思义家中老幼十一口人惨遭杀害，更令马思义怒火如焚，决心率部返乡报仇雪恨。12 月下旬，不经请示上级批准，又不与杨静仁商量，马思义擅自率部离开驻地，经一夜奔波到达庆阳县西部的二十里铺。杨静仁立即

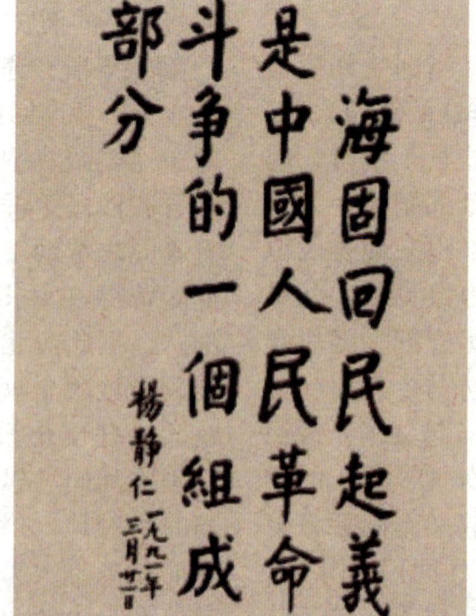

杨静仁的书法

向庆阳地委汇报情况，经组织决定派杨静仁带上足够经费和礼品对马思义部进行慰问，并劝告他们如决心回去决不加阻拦，但此去必遭国民党部队的围攻夹击，很难立足，更不可能再次发动群众举行起义。如遭不测或有困难，愿意回来党还是欢迎的。杨静仁指出：“你们这次出去，老幼病残多有不便，他们如愿留下，经过疗养身体恢复健康，留去自便。”经过协商，旅长马国藩和三十多名老幼病残不愿离去的人员，均得到了妥善安排。

1942年1月2日，马思义率众乘夜由环县苗儿掌出发直奔固原方向而去。不出所料，马思义一出边区即遭国民党军队围堵截击，部队一触即溃，最后只剩二三十骑，已处于走投无路的境地。马思义悔恨交加，此时，国民党方面派人来劝降，回忆全家人被杀的深仇大恨，如断然回绝劝降，必然难逃国民党军队的围歼。因此马思义佯与之周旋，约定第一次商谈投降条件和时间地点。当晚即率领余部突出重围，于1942年1月16日返回边区。

从实际出发，为骑兵团制定政治军事文化教育计划

马思义返回边区后，陆续又有数十人先后归队。但马思义情绪低沉，悲观失望。杨静仁反复开导他，指出党和各级领导对他们是十分关怀和重视的，回民骑兵团人数虽少，只有几十人，但这是骨干精华，根据上级指示仍保留编制，马思义仍是团长。杨静仁教导马思义应振作精神，加强对现有人员的培养教育，把他们培养成既有文化知识、军事素养，又有高度政治觉悟的干部，为回族的彻底解放打下基础。在杨静仁的建议下，马思义将回民骑兵团现有人员编为一个连，由马思义的二弟马思贞任连长。从此建立起正式的军事生活制度，按时起居作息，上课学习，出操训练，同时进行时事政策教育，使队伍逐步认清人民军队和国民党军队的不同阶级本质。

1942年秋，回民骑兵团移驻陕北延川县永坪镇。回民骑兵团途经延安时，边区联防司令部萧劲光司令员、张经武参谋长亲临延安七里铺驻地进行慰问。萧司令员正式宣布任命马思义为回民骑兵团团长，杨静仁为参谋长，马思贞为连长，马克为指导员。部队到达永坪镇后经过一番准备即正式进行整训。此时杨静仁从实际出发制订了政治军事文化教育计划：政治上继续进行抗日爱国教育，在军事方面主要进行步骑兵队列训练，文化教育主要抓学习单字的“三会”（会读、会写、会用）。经过永坪一冬严格训练，骑兵团有很大的进步，组织纪律性有所加强，政治思想觉悟有一定的提高。在杨静仁的积极建议和组织的安排下，1942年6月，马思义、马智宽、周尚义、冶福荣、锁云龙、马希杰、马生荣、马保珍、丁良臣等到延安民族学院学习。1943年3月，马思义、马智宽、周尚义、锁云龙等又转入抗大学习。

1943年3月，为粉碎国民党对边区的封锁禁运，积极响应党中央关于全边区军民开展大生产运动和毛泽东主席“自己动手，丰衣足食”的号召，回民骑兵团由永坪镇顺利移驻甘肃省合水县的太白镇。这里地广人稀，山清水秀，森林茂密，对开荒种地、发展农业生产极为有利。经过实地勘测，骑兵团选定了太白镇南边的瓦岗川为生产基地。杨静仁根据上级指示，精心研究开展生产、开荒种田的计划，同时积极进行春耕准备。正当忙于春耕时，杨静仁正式被任命为回民骑兵团政委，不久上级又下令调他到中央统战部工作。

杨静仁

杨静仁在回民骑兵团工作近两年，认真贯彻党的各项方针政策和上级的指示，经过艰苦努力，使回民骑兵团被改造成为党领导下的一支革命武装。这个队伍虽然人数不多，但对宣传贯彻党的民族平等、宗教信仰自由的政策影响很大，在西北地区回民群众中留下深刻影响。回民骑兵团在党的领导下，在抗日战争中为保卫边区、保卫陇东做出了重要贡献。中华人民共和国成立后，回民骑兵团还积极参加了剿匪平叛斗争，到1952年已发展成六个连队近一千人。

（本文选自中国民族宗教网）

拿出寿材来架桥

文/佚　名

1934年10月中旬，八万六千余名红军将士集结在于都河畔，为了使红军能顺利渡河，中革军委要求在近百里的于都河上架设多座浮桥。一时间，于都人民汇集起八百余条大小船只，成千上万的木料、门板奉献出来供红军架设浮桥。

县城东门有户姓曾的老爷爷，儿子参加了红军，儿媳生孩子刚满月，他将家里所有的门板扛去架桥，又将自己睡的床板也贡献了出来。他在地上铺了禾草，上面垫上草席，就地而眠。10月13日，曾大爷听说架桥工地上缺木板，回来跟儿媳商量。儿媳为难地说："哪里还有木板啰？各家各户都捐出去了。"曾大爷一听："是啊，可是现在情况紧急，红军就等着木板铺桥呢！"曾大爷为找木板急得团团转。突然，他想起了一件事，对儿媳说："呃，我看哪，不如将给我准备的那副棺木拆了，给红军送去？"儿媳一听，着急地说："不行不行，老爷子呃，你走路都摇摇摆摆，万一……"儿媳背转身去，偷偷地抹泪。曾大爷看出了儿媳的心思，笑着说："你是怕我死了没法埋？哎呀，用张草席将我裹了，往黄土里一埋，不就归仙了？"说着，从屋角拿出了一把斧头。儿媳惊诧地问："干什么，老爷子？"

"砸棺！"曾大爷握着斧头"咚咚咚"地朝放棺木的地方走去。

儿媳见大爷果真要砸棺，急忙扑上前去，声嘶力竭地喊道："不，老爷子，你不能这么干！"说时迟，那时快，她扑在棺木上，用身体护住棺木，哀求道："要砸，你就往我身上砸吧。"曾大爷高举斧头的手落了下来，他叹了口气，给儿媳说起了自己的心酸家史。

原来，曾大爷一家靠打鱼为生，红军未来之前，终日以船为家漂泊在于都河上，受尽了渔霸劣绅的欺压。1929年，朱毛红军从井冈山来到于都，建立了于都第一个红色革命政权。共产党带领泥腿子斗地主分田地，曾大爷一家才分到一间房子，二亩多地，日子逐渐好了起来。曾大爷的儿子还娶了媳妇，成了家。半年前，曾大爷的儿子踊跃报名参加了红军。曾大爷语重心长地说：“好儿媳，难得你有这片孝心。现在，我们把棺木捐出去，稍后的日子，我们攒足了钱再买。现在红军是火烧眉毛等着这几块板救急啊！”儿媳听大爷说得有道理，继而一想，又担心地问：“我们将棺材板送去架桥红军会不会嫌？”曾大爷说：“嫌什么，按我们客家人的规矩送棺材又送官又送财，送给红军这是大好事嘛！”说得儿媳也忍不住笑了。她见拗不过大爷，只好帮忙将棺木拆了，两人高高兴兴将寿木送到架桥工地。

正在架桥的工兵连长知道了此事后，向前来工地视察的军委副主席周恩来汇报，周副主席感慨地说：“于都老表真好，苏区人民真亲。”

（本文选自《光明日报》）